Manuel Bandeira e a Música

Estudos Literários 26

Pedro Marques

Manuel Bandeira e a Música

com

Três Poemas Visitados

Dados Internacionais de Catalogação na Publicação (CIP)
(Câmara Brasileira do Livro, SP, Brasil)

Marques, Pedro
Manuel Bandeira e a música: com três poemas visitados / Pedro Marques. – Cotia, SP: Ateliê Editorial, 2008.

Bibliografia.
ISBN 978-85-7480-386-9

1. Bandeira, Manuel, 1886-1968 – Crítica e interpretação 2. Música – História e crítica 3. Música e literatura 4. Poesia brasileira – História e crítica I. Título.

08-00948 CDD-869.9109

Índices para catálogo sistemático:

1. Poetas brasileiros: Relações com a música: Apreciação crítica 869.9109

Direitos reservados à
Ateliê Editorial
Estrada da Aldeia de Carapicuíba, 897
06709-300 – Granja Viana – Cotia – SP
Telefax: (11) 4612-9666
www.atelie.com.br / atelie@atelie.com.br
2008
Printed in Brazil
Foi feito depósito legal

Aos profissionais das bibliotecas da Academia Brasileira de Letras (ABL), da Biblioteca Nacional (BN), da Fundação Casa de Rui Barbosa e do Instituto de Estudos da Linguagem (IEL).

Aos interlocutores que aliviaram a solidão do trabalho:

Professora Orna Messer Levin, orientação.

Professores Fábio de Souza Andrade, Eric Mitchell e Paulo Franchetti, leituras.

Os poetas Caio Gagliardi e Pablo Simpson.

Gustavo Conde, ouvido final.

Maestros Adriano Dias e Rodrigo Duarte.

Rodrigo de Sá, quem me chegou Manuel Bandeira.

Dona Edda, primeira argüição ainda no colégio.

Cristina Betioli, primavera o ano inteiro.

Sumário

Apresentação – *Orna Messer Levin* 13

MANUEL BANDEIRA E A MÚSICA

1. Manuel Bandeira e a Música 21
   - *Ator da Canção de Câmara* 23
   - *Assistente de Canção Popular* 31
   - *Poesia Musical? Críticos em Apuros* 43
   - *Mallarmé e a Música Falsificada* 54
   - *Eliot: em Busca das Estruturas Musicais* 59
   - *Poesia Harmônica É com Mário de Andrade* 65

TRÊS POEMAS VISITADOS

2. E um Balão Vai Subindo... 75
   - *O Ritmo Dissoluto* 76
   - *Dados da Vida como Fatos Poéticos* 79
   - *O Balão na Poesia e na Canção.* A Colagem Nacionalista 83
   - *Verso a Verso* 89
3. O Gato e a Pensão 95
   - Libertinagem 95
   - *Verso a Verso* 97
   - *O Gato, a Pensão e a Cidade* 103

O Desenho da Canção 107

4. Mensagens 111

Estrela da Manhã............................... 112

Verso a Verso................................ 114

Anjos e Crianças............................. 123

Orquestra de Sugestões....................... 125

Referências Bibliográficas 127

[...] Por que é que Deus não me deu a sinfonia, como a Beethoven?

[...] Por que ao menos não me deu o lied *como fez com Schubert?*

MANUEL BANDEIRA, Carta a Mário de Andrade, 27 de julho de 1923.

Apresentação

Diversos são os motivos que justificam e estimulam a investigação da convergência assinalada no estudo, que aqui se apresenta, entre a poesia de Manuel Bandeira e a música.

Primeiramente, elos históricos legitimam a reaproximação entre artes que nasceram unidas e só se afastaram à medida que o meio auditivo foi sendo substituído pelo visual, a saber, quando a execução oral e instrumental do poema cedeu lugar ao texto escrito, que hoje já dá vez ao ambiente virtual. O enlace de origem, que destinava a expressão poética clássica aos cantos e recitativos acompanhados da flauta ou da lira, mesmo enfraquecido pela indistinção da ação do tempo sobre a noção de lírica, continua a desafiar a criação e suscitar iniciativas de definição das composições filiadas ao gênero. Embora poesia e música representem hoje noções comuns de autonomia e independência artística, seu cruzamento mostra-se enriquecedor e frutífero, em particular, em manifestações modernas como a da canção, com as quais o vínculo inicial parece ter ganho um frescor renovado. Se considerarmos que a lírica, uma vez dissociada de sua destinação primeira, reteve evidências dos traços melódicos derivados do compartilhamento de um substrato comum, dado pela articulação sonora de palavras e instrumentos, é válido investigar os vestígios dessa arquitetura musical, representativa da fusão de origem que persiste e se conserva, ainda que a subordinação da poesia à música não mais vigore e vice-versa.

Em segundo lugar, é preciso considerar que em Manuel Bandeira o vínculo com a música se manifesta com intensidade, de modo expressivo e até intencional, haja vista as inúmeras referências presentes no seu *Itinerário de Pasárgada* a respeito de preocupações suas e do gosto pela música. Nisso, aliás, o escritor dá continuidade a uma tradição da poesia brasileira que remonta ao cultivo de uma musicalidade suave e dolente, nos poemas criados ao gosto das modinhas de salão, durante o romantismo, passando pelas explorações sonoras do nosso simbolismo e pelos timbres crepusculares do penumbrismo, para desembocar nas pesquisas modernistas de Mário de Andrade, entre outros. Cabe lembrar, ainda, a constatação de Vasco Mariz que, em levantamento sobre a canção brasileira, apontou a preferência de compositores, tanto eruditos quanto populares, pelos poemas de Manuel Bandeira, musicados em número significativamente superior aos contemporâneos, como Cecília Meireles, Carlos Drummond de Andrade ou Guilherme de Almeida.

O trabalho cuidadoso e atento que Pedro Marques nos oferece nesse volume toma a obra de Manuel Bandeira em sua abrangência das formas erudita e popular – a música de câmara (o *lied*) e a canção popular (não a folclórica) –, perseguindo as inquietações observadas na obra do escritor, menos para respondê-las do que para examinar a "musicalidade subentendida", na expressão do próprio poeta, que se apresenta como indicativa da busca de uma expressão flagrada nas entrelinhas de sonoridades e silêncios.

Pedro Marques assinala a confluência da poética modernista com o projeto musical de compositores eruditos, como Villa-Lobos, Lorenzo Fernandes, Francisco Mignone e José Siqueira, ambos em torno da temática nacional. Além disso, ressalta as marcas de oralidade e os assuntos folclóricos que tornaram a poesia bandeiriana propícia às parcerias com os compositores mais simpáticos ao modernismo e empenhados na renovação da música erudita brasileira. De outra parte, examina a aproximação da poesia modernista com a canção popular, como o samba, já tratada por Affonso Romano, que viu similaridades no uso recíproco do carnaval, seja no aproveitamento da produção modernista em sambas-enredo, seja na promoção do carnaval ao *status* de tema poético. Quanto a isso, Pedro Marques observa um movimento paralelo de trocas entre a canção e a poesia, que traz para a primeira as formas requintadas da linguagem, enquanto a segunda se alimenta do registro coloquial e da dicção menos solene, rompendo com as concepções tradicionais de verso vigentes no século XIX. Desse modo, Pedro Marques põe em questão o rótulo de semi-erudito, de falso, atribuído aos compositores populares, em vista dessas incorporações eruditas que, para alguns, soam como artificiais.

Nessa aproximação de Manuel Bandeira à música urbana, Pedro Marques chama a atenção para o contraponto estabelecido com o caso de Mário de Andrade, que via com certa resistência essa produção musical contemporânea, a qual considerava comercial, preferindo, em vez dela, as formas de raiz, em busca do autêntico nacional. Isso é exemplar no caso da aproximação ou afinidades de Manuel Bandeira com Sinhô (aproximação contemplada em estudo recente de André Gardel), de quem Mario de Andrade tratou de guardar distância. Esse contato da poesia com a música urbana só se estreitaria, em 1950, quando Vinícius de Moraes veio selar a parceria brasileira, poesia-música.

Algumas das abordagens críticas que procuraram aproximar a poesia bandeiriana da música recorreram, como justificativa, ao *Itinerário*, onde o poeta sabidamente confessou seu amor pela música. Na coerente opinião de Pedro Marques, porém, mais produtivo do que marcar o vínculo com a música é refletir sobre a musicalidade elaborada a partir da flexibilização dos ritmos tradicionais, a que se seguiu a conquista do verso livre. O diálogo com a crítica permite-lhe, então, demarcar pontos de aproximação e distanciamento em relação ao *Itinerário* nos estudos de Vasco Mariz, Eurico Nogueira, Luís Paulo Horta, Ivone Silva

Ramos Maya, Franklin de Oliveira, Lêdo Ivo e José Guilherme Merquior, entre outros. Tentativas de definição da musicalidade presente na poesia de Manuel Bandeira variam, por exemplo, do uso da música como metáfora capaz de expressar o sentimento do leitor diante dos poemas, no caso de Franklin de Oliveira, à economia verbal, depuração da linguagem, que opera com o essencial para dizer a emoção, numa leitura como a de Merquior, quanto a isso, semelhante à idéia de que essa musicalidade manifesta um interesse pelas palavras indispensáveis, pela seleção e organização de sons em Drummond.

Diferentemente, no estudo de Davi Arrigucci, em particular na análise de "Cantiga", Pedro Marques reconhece a atenção à naturalidade, ao fluir dessa musicalidade de Manuel Bandeira derivada do legado simbolista e da matriz romântica da redondilha, a que sua análise deseja acrescer a captura, por parte do poeta, da poesia popular nordestina e o aproveitamento que ele faz do folclore. É no estudo de Davi Arrigucci ainda que ele colhe a noção de que a música serve ao poeta como arte-modelo.

Assim, Pedro Marques trata de inventariar cuidadosamente todas essas leituras (que não são poucas), dialogando de modo maduro com todas. Assimila algumas e relativiza ou rejeita outras. Inscreve-se, portanto, nessa linha de abordagem da lírica, reconhecendo sua dívida para com os que o antecedem. Transita com desenvoltura e autonomia, para legar-nos, por fim, uma visão renovada sobre o modo como o poeta alcança efeitos de musicalidade nas suas composições. Tenta evitar o uso metafórico do vocábulo "música" para suprir eventuais carências de uma metalinguagem específica que trate do vetor sonoro em poesia, como parece ser, na opinião de Solange Ribeiro, uma constante nesse tipo de abordagem comparativa. O trabalho que o leitor tem em mãos tenta avançar na reflexão sobre a apropriação terminológica vigente nos estudos de poesia, em vez de aplicar o termo "música" indiscriminadamente. Busca uma direção conceitual de teorização sobre a expressão poética que ofereça, por meio da arte musical, novos instrumentos de análise e interpretação.

Para realizar esse intuito, Pedro Marques define sua perspectiva a partir das noções de musicalidade colhidas em Mallarmé, Eliot e Mário de Andrade, nos quais vê alternativas para a aproximação desejada. Melhor dizendo, busca elementos para essa reflexão nas noções de poesia não narrativa de Mallarmé, que buscou efeitos de música pura. De Eliot, por sua vez, que acredita que o poema só consegue imitar a música por meio de analogias que o estruturam, à maneira de um concerto, retira a noção de organização musical ilustrada em "Tema e Variações" de Bandeira. Já dos escritos teóricos de Mário de Andrade (sobretudo, *Prefácio Interessantíssimo* e a *Escrava que não É Isaura*), depreende-se a concepção de verso harmônico, em que os sons não seguem uma linha melódica sucessiva e sim uma idéia de simultaneidade, reconstituída mentalmente pelo leitor ou ouvinte.

Munido de tais referenciais a respeito da produção de efeitos de musicalidade e não da atribuição de sentido (visando a notação dos recursos fonético-estruturais que em Manuel Bandeira redundam em musicalidade), Pedro Marques enfrenta tarefa da exegese em torno de três poemas bandeirianos. Nos três poemas selecionados, a música, como dado externo que é extraído da tradição popular, torna-se um dado estrutural, interno ao poema, que o organiza e compõe.

"Na Rua do Sabão", de *Ritmo Dissoluto*, alastra o verso livre, explorando a linguagem das ruas, e faz conviver, lado a lado, o sublime com o grotesco. Acrescenta-se ainda o motivo folclórico (o "Cai cai balão") que o crítico identifica em Manuel Bandeira, Mário de Andrade e Olegário Mariano. Motivo, aliás, da tradição popular, que se desdobra em topos literário e musical, valorizado pelo olhar nacionalista do primeiro modernismo. Há de se ressaltar também a musicalidade vislumbrada no movimento ligeiro das crianças que correm atrás do balão.

Em "Pensão Familiar", de *Libertinagem*, o aproveitamento do tema prosaico e a construção de um quadro sonoro, calcado em sons vocálicos, se destacam transformando a imagem do conjunto. A ruptura orquestral, ao modelo de Mallarmé, em que cada palavra sobressai por si mesma, num momento único de vibração forte, confirma a hipótese da musicalidade sutilmente inserida na composição, em princípio, dedicada ao flagrante espacial e visual da pensão. A musicalidade, aqui, difere da mobilidade do poema anterior, no qual a criançada corre e se move agilmente. Em "Pensão Familiar", a musicalidade, pelo contrário, se faz em sobressaltos, como uma marcação acentuada que pontua o texto.

Por fim, ao contrário dos dois poemas anteriores, em que a musicalidade se destaca da visualidade e da sonoridade dos versos e do conjunto das relações estabelecidas entre eles, em "Sacha e o Poeta", Pedro Marques evidencia a orquestração ou a sinfonia de sentidos que a convivência de várias possibilidades interpretativas confere às evocações suscitadas pelo trabalho com a matéria infantil.

Nas três abordagens detidas e na armação teórica, o estudo de Pedro Marques revela um olhar refinado de observador atento às delicadezas e complexidades do verso. O manejo delicado que faz dos elementos constitutivos da poesia, dispensando o lugar-comum, nos sugere caminhos novos e indica trilhas ainda pouco exploradas no convívio com as leituras de Manuel Bandeira. Ao decidir-se pelo mergulho em um terreno até certo ponto pisado e repisado, Pedro soube arriscar-se, lançar-se numa perspectiva própria e com ela marcar sua contribuição para o conhecimento da arte de Bandeira.

Orna Messer Levin

Manuel Bandeira e a Música

I

Manuel Bandeira e a Música

Recife, outono de 1886. Um murmúrio se arma. Uma tosse-não-tosse vai tentar vôo. Manuel Bandeira espalhou para quem quis ouvir: "sou poeta menor". Mas acreditar no cantor? O sopro raro de "tísico profissional" não barrou as alturas para a poesia. Grande poesia? Sem navegar no mar bravo do que seja isso, muitos acharam em Bandeira um artista formidável. Concordando quanto à notável qualidade da obra, arrojo-me na tentativa de reencontrar a dimensão do poeta através de uma sombra que acompanha toda sua trajetória: a música.

A crítica já o enxergou pela nota humilde do cotidiano. O flagrou com medo da morte. Ensaiou sobre o poeta tipicamente modernista, e, ao mesmo tempo, formalmente multifacetado. Por essas rotas, alguns estudiosos esbarraram, às vezes acidentalmente, num poeta musical. Sem desprezar parte dessas máscaras criadas ou estudadas, arrisco a construção de um Bandeira ora mais, ora menos irmanado aos outros velhos conhecidos. Se foi exaustivamente musicado por diversos compositores; se o ritmo, o fraseado, ou a estrutura de seus versos livres ou metrificados exibem efeitos de musicalidade; se essas e outras conexões com a música estão latentes na crítica ou em seus depoimentos; o poeta precisa ser assentado nesse específico, nessas possíveis relações com a arte dos sons.

Sem fornecer a clave ideal, ou sonhar minha convicção

obscurecendo outras hoje bem acomodadas, propor uma entrada concreta e verossímil nessa poética. Longe cobiçar "o transparente contemplador" desenhado por Guimarães Rosa em "O Espelho" (*Primeiras Estórias*, 2001). A partir de um imaginário musical instalado no poeta, obter o percurso de trabalho e uma perspectiva renovada acerca de Manuel Bandeira. Ao longo dos anos, de fato, as inquietações que espreitam essa obra foram respondidas de diversas maneiras pela crítica, e para que continuem surgindo e não cessem de trazer novos sentidos, é preciso continuar a engendrar respostas ainda que inevitavelmente transitórias.

Há muito se comenta o cruzamento do poeta com a música. Tais anotações, a despeito de nem sempre trazerem luz possante para seus escritos poéticos, tornaram-se tanto freqüentes. Às vezes, inclusive, acercam-se da obra ou do seu nome apenas para ilustrar um ou outro aspecto da música erudita ou da popular. O *corpus* bandeiriano, por sua vez, sugere contatos entre as duas artes de adjacências históricas desde as origens. Deitando os olhos na cena brasileira, quero explicitar e problematizar parte dessas aproximações.

Desde logo, é importante separar o ramo da música erudita e da popular que importará. Da erudita, o *lied* consolidado a partir do romantismo: canção de câmara em que o compositor através da harmonia e, principalmente, da melodia comenta letra ou poema. Schubert é um dos grandes expoentes desse gênero composto em geral para canto lírico. Música popular, por sua parte, não significará música folclórica, como para Mário de Andrade, mas música popular de consumo. Canção popular brasileira, composição cuja letra vem cantada num registro pouco distante da entonação da fala. Modelo de canção que, embora possa evidenciar preocupação estética, tende a não prescindir da divulgação nos meios de comunicação de massa para sua sobrevivência.

Eurico Nogueira França (1989, p. 182) retraça o impasse entre erudito e popular na música vocal de câmara, sobretudo brasileira: "nenhum outro território da música quanto à canção de câmara chega a apagar as fronteiras entre essas duas categorias musicais de maneira assim insofismável. Refiro-me especificamente à canção de câmara brasileira: seus criadores, não raro, têm pura inspiração popular". Detecta os limites movediços entre uma e outra variedade. Embora indetermine o que chama de música popular, ressalta a diferença antes classificatória que propriamente perceptível. Questiona, mesmo, o epíteto "erudito" para a arte musical: "a poética de Bandeira e de Drummond não é qualificada de 'erudita', por oposição à poesia popular, à literatura de cordel". É a imprecisão de um tipo de definição genérica que consegue reunir sob a mesma categoria Stockhausen, Beethoven e Vivaldi!

Passa despercebida a vagueza do par "música popular", que, no olhada rápida do crítico, aproxima-se da tradição folclórica. Tal como o *lied*, a canção popular de massa é atravessada pelo folclore, admitindo, ainda, tratamento orquestral "culto". Basta atentarmos para o grande número de arranjos compostos para sambas, marchas, boleros e, depois dos anos de 1950 e 1960, a bossa nova e parte do que se denomina vulgarmente MPB, rock e música pop. Qualquer aparelho crítico-analítico urdido para uma das esferas, resulta em fatal inoperância se mal regulado para a outra. Sem os ajustes devidos, pode causar miopia. Perdemos algo de relevo se ouvirmos "Construção", de Chico Buarque, apenas como samba. Faturamos alto quando também percebemos a música de vanguarda infundida por Rogério Duprat na orquestração.

Ator da Canção de Câmara

Desde o colégio, aprendemos que Manuel Bandeira enviou para a largada da Semana de Arte Moderna de 1922 o famosíssimo "Os Sapos", gritado por Ronald de Carvalho em meio ao alarido da platéia do Teatro Municipal de São Paulo. Com metrificação pastichada, conteúdo sarcástico, os versos arremetiam contra o parnasianismo, àquela altura violentamente censurado pela nova geração... Poucos registram o comparecimento do poeta através de um pequeno poema musicado pelo jovem Heitor Villa-Lobos. Era "Debussy", versos de *Carnaval* (1919), segundo volume de sua carreira. Bandeira recorda satisfeito que a peça foi executada numa das noites concertantes da Semana, sob o título "O Novelozinho de Linha". A supressão do nome original por Villa-Lobos visava evitar paralelos com o compositor francês Claude Debussy, à época acusado de *descritivista*, vale dizer, por uma música demasiado dependente de representação mimética[1]. A parceria entre os dois artistas emergentes, neste contexto singular da arte nacional, assinala a cooperação entre poesia e música modernistas imprescindível para a nossa canção de câmara impulsionada a partir dos anos de 1920.

Utilizando uma distribuição especial de versos, com "Debussy" (1998, p. 90), Manuel Bandeira planejou recriar a linha melódica inicial de "La Jeune Fille aux Cheveux de Lin", do compositor. Alguns anos antes, porém, chega a comentar em carta a Mário de Andrade: "No que respeita à técnica o "para cá, para lá" são os primeiros compassos da *Réverie* mas *à rebours*, que na *Réverie* as notas oscilam do grave para o agudo e do agudo para o grave" (M. Bandeira, M. de Andrade, 2001, p. 66, 3 jul. 1922). São testemunhos que acenam para uma clara disposição em arquitetar estruturas formais tomadas à música. O procedimento, dialogado entre os dois poetas, sinaliza a consciência musical planando por sobre suas poéticas; dá vazão à outras interpretações musicais independentes. Bandeira tenciona, ouvido colado numa melodia preexistente, imprimir de-

1. O modernismo musical brasileiro, para José Miguel Wisnik (1977, p. 103), "vai se opor, na música, aos vícios românticos: o sentimentalismo que impregna a concepção interpretativa da obra nos pianistas, o culto do piano e do 'virtuose', a preferência pela escuta programática, tendente a converter as estruturas sonoras em quadros, paisagens, 'sentimentos', estórias". Denomina-se *descritivismo* esta última característica.

terminada musicalidade ao poema, mas Norma Goldstein, por exemplo, percebe outro contorno musical:

> [...] os doze versos do poema organizam-se em duas vozes, modulações ou temas musicais. O primeiro, contido nos versos curtos que se repetem, tratam do balanço do fio de linha acompanhando o movimento da criança. O segundo, nos versos longos (03, 06, 08 e 12) mostra a própria criança com o novelozinho na mão (1987, p. 18. Da autora também 1983).

E posso ouvir, ainda, outra musicalidade: repetindo-se sempre em dupla como voz dominante, o verso "Para cá, para lá..." finca a base rítmica e melódica. A outra voz, variável, formada pelos versos 03, 06, 07, 08, 09 e 12, corresponde à descrição propriamente da cena. Teríamos, assim, outro dueto para além da opção de Goldstein. É que o poema comporta leituras musicais não fechadas à sugestão do título nem ao desejo do autor e que, outrossim, alimentam nossa imaginação sobre os prováveis caminhos lingüísticos que ajudaram Villa a plantar sua melodia nesse terreno verbal.

A associação com Villa-Lobos colheu muitos frutos. Villa escreveu música para diversos textos de Manuel, que, por sua vez, compôs uma safra de letras para melodias de Villa. Além da canção "O Novelozinho de Linha", possivelmente o primeiro poema do escritor a receber música, há "O Anjo da Guarda", "Dança do Martelo" (seção das *Bachianas Brasileiras nº 5*), "Modinha" (que Bandeira assina como Manduca Piá) e outras tantas, como a série "Canções de Cordialidade". Transpassa a parceria a pendência sobre o *bel canto* em língua portuguesa. Na esteira de Alberto Nepomuceno, Villa-Lobos esforçou-se para tornar corrente o emprego do idioma nacional no canto lírico, já que até então reinavam aí o italiano e o francês. Bandeira, que bem ao seu modo partilhava a proposta modernista de constituir uma língua literária brasileira, influi nesse processo como provedor de textos atualizados e apropriados aos desígnios do compositor.

O poeta integra-se nas discussões sobre canto erudito. Participa do Primeiro Congresso da Língua Nacional Cantada (1938), realizado em São Paulo, no ano de 1937. Encontro que, promovido pelo Departamento de Cultura de São Paulo, então dirigido por Mário de Andrade, contou com a presença de nomes expressivos da filologia e da musicologia nacionais e internacionais. O foco das discussões, em linhas gerais, era encontrar um consenso sobre a língua-padrão a ser usada na pronúncia do teatro, da declamação e do canto erudito. Elegeu-se a pronúncia carioca, frente às enormes diferenças regionais do português do Brasil. Através de inúmeras recomendações fonéticas elaboradas pelo próprio Mário, procurou-se provar que as canções de câmara em português não deveriam ser vocalizadas sob as leis fonéticas do canto lírico italiano, por exemplo, mas sob as da língua pátria. Nesse contexto, Manuel Bandeira, além de comparecer aos debates, foi incumbido de elaborar um texto-padrão que serviu para colher e analisar as diferenças dos acentos regionais. Informantes de toda parte do território nacional foram gravados enquanto liam esse pequeno texto.

É dinâmico e permanente o trânsito de Bandeira na canção de câmara, universo que melhor desfrutou seus poemas e para o qual escreveu um bocado de letras. A mais referida e talvez mais conhecida é "Azulão" (M. L. Godoy, 1966), pequena letra com jeito de toada sertaneja. Manufaturada para melodia de Jaime Ovale, foi, em outras oportunidades, remusicada por Camargo Guarnieri e Radamés Gnatalli como se tivesse nascido poema.

O vínculo com a música erudita também extrapola o gosto pessoal. Bandeira enfrentou um importante texto do período romântico, o *Tratado de Composição* de Vincent D'Indy, discípulo de César Franck, fortalecendo seu conhecimento formal da música. Dedicou à música páginas generosas de suas memórias literárias, *Itinerário de Pasárgada* (1954). Destacou-se na crítica musical[2] desde 1925, quando colabora na revista *A Idéia Ilustrada*. Vasco Mariz (1989, p. 554) assegura:

2. O resultado dessa atividade está parcialmente reunido, sob o título "Ouvinte de Música", no volume *Andorinha, Andorinha*, 1978.

A contribuição do bardo pernambucano à música brasileira foi muito variada e extremamente significativa. Manuel exerceu uma influência excepcional sobre duas gerações de compositores eruditos e, de certo modo, desempenhou no Rio de Janeiro o papel de mentor intelectual de numerosos compositores, em ação paralela à que Mário de Andrade exercia em São Paulo.

Na prática, essa notabilidade entre os compositores, sublinhada também por Nogueira França, foi certamente co-responsável pelo elevado número de versos musicados, ainda que sua poesia possa oferecer farta musicalidade. De todo modo, o paralelo entre a influência crítica de Bandeira e de Mário, para algum estudioso espreguiçado, pode ser perseguido nas cartas entre os dois, onde são copiosos os comentários sobre arte e crítica musical.

Afora confessar a queda pela música no *Itinerário*, Bandeira reflete, justamente, sobre os prováveis motivos que levaram muitos de seus poemas a ganharem melodia. Em geral, aponta motivos técnicos, sem aludir a sua influência decisiva no meio musical. Para tanto, escora-se, primeiramente, num apontamento de Andrade Muricy:

> Os músicos sentem que poderão inserir a sua musicalidade – a música propriamente dita – naquela musicalidade subentendida, por vezes inexpressa, ou simplesmente indicada. Percebem que a sua colaboração não irá constituir uma superestrutura, mas que se fundirá com a obra poética, intimamente. Por outro lado adivinham que, nas relações mútuas, o poeta não exorbitará; que será um bom camarada: que não tentará apossar-se da parte do leão, como fariam um Castro Alves, um Luís Delfino, um Cruz e Sousa, um Hermes Fontes, grandes sinfonistas (*apud* M. Bandeira, 1997, p. 78).

O comentário "precioso" tem de ser desenvolvido em algumas frentes. A chamada "musicalidade subentendida" pode resultar do artesanato sonoro a que as palavras são submetidas. Num poema em versos livres e / ou medidos, o compositor interessado é capaz de encontrar certas constantes rítmicas e métricas, certas simetrias ou paralelismos que propiciam a inclusão de um caminho melódico no texto.

> A "musicalidade subentendida" poderia ser definida por outro músico noutra linha melódica. O texto será um como que baixo-numerado contendo em potência numerosas melodias. [...] Assim como certos poemas admitem pluralidade de sentido ou de interpretação, como que em qualquer texto literário há infinitos números de melodias implícitas (M. Bandeira, 1997, p. 79).

O que também significa dizer: ao musicar um poema, prenhe de sugestões musicais, necessariamente há uma atitude crítica e criadora nas escolhas do compositor. No "Debussy", por exemplo, a mesma plataforma verbal que orientou a melodia de Villa-Lobos, poderia informar uma linha melódica completamente diferente para um Almeida Prado.

Mikel Dufrenne (1969, p. 66) entende que

> [...] quando um poema é musicado, a voz falada se eclipsa diante da voz cantada, o canto comanda a fala e não se importa de contrariá-la ou alterá-la. O maior número das vezes, essa subordinação é tal, que o texto é apenas um pretexto e o ouvinte nisso não se engana. O poema assume, então, a mesma função que o título de uma melodia: réquiem ou lindo mês de maio.

A afirmação ganha nitidez quando escutamos o que ocorre às vogais de qualquer poema adequado a uma melodia. Principalmente no canto lírico, elas assumem a duração e o timbre que o compositor bem entender. Sem falar nos versos inteiros não raro repetidos ou subtraídos à revelia do texto. Muitos poemas de Manuel Bandeira sofreram alterações dessa ordem. Em "O Impossível Carinho", de *Libertinagem* (1930), algumas vogais do primeiro verso, grosso modo, assim se alteraram na melodia de Camargo Guarnieri: "Esc*uuu*taaa, eu não qu*eee*r*ooo* cont*aa*r-te o meu des*eeeee*j*ooooo*". Mas, se a música se interessa pela poesia, mesmo que seja para exercer seu imperialismo, é porque a poesia já encerra, mais que uma promessa de música, uma música espontânea. A palavra poética canta. É esse canto que a leitura em voz alta realiza (M. Dufrenne, 1969, p. 67).

A poesia, me ocorre, encerra uma musicalidade que lhe é intrínseca e congênita, deflagrada quando de sua elocução. É de sua natureza gerar a "musicalidade subentendida", que, inclusive, pode ser percebida independentemente de um poema propiciar música de fato.

Quanto aos compositores preferirem Bandeira a Castro Alves, Cruz e Sousa etc.: confiando no levantamento de Vasco Mariz[3], até a década de 1980, a maioria absoluta dos poetas nacionais que forneceram textos ao *lied* são de extração modernista. Isso se deve à superfície de contato entre o nacionalismo, que rege a música erudita desde a geração de Villa-Lobos passando pela de Guerra Peixe, e a busca pelo elemento primitivista propagado pelo modernismo literário. Por outro lado, a linguagem dos poetas modernos era coetânea aos compositores, estando, portanto, mais à mão. E não esqueçamos da sociabilidade entre os círculos artísticos, sempre ensejando parcerias.

Em seguida, sem maiores comentários, Bandeira reproduz como Aires de Andrade viu no apelo popular o motivo principal para sua poesia ser musicada à exaustão:

[...] mesmo nos momentos em que Manuel Bandeira se manifesta exprimindo anseios universalistas, não consegue o seu pensamento se emancipar inteiramente do jugo que estabelece em suas faculdades criadoras as reminiscências acumuladas no espírito do poeta observador apaixonado das coisas do povo (*apud* M. Bandeira, 1997, p. 81).

3. Além do texto já citado, conferir V. Mariz (1985), principalmente da p. 27 à 36. O livro apresenta compositores brasileiros tanto da canção de câmara quanto da popular. Manuel Bandeira é visto como peça-chave no desenvolvimento do *lied* tupiniquim.

Ora, os chamados compositores nacionalistas – Villa-Lobos, Lorenzo Fernández, Guarnieri, Francisco Mignone, Frutuoso Viana, José Siqueira, entre tantos – estavam empenhados em pesquisar os sons dos quatro cantos do país para incrementar suas peças. A linguagem de Bandeira, mescla pouco hermética dos registros cultos com os populares e / ou rebaixados, cabia como luva em seus experimentalismos.

> Representantes da nossa escola nacionalista, ricos de brasilidade, conscientes da função social e estética que exerciam, não buscavam eles as inspirações poéticas do passado – um Bilac, por exemplo, que foi poeta de Francisco Braga – e procuravam simplesmente o maior poeta nacional do momento (E. N. França, 1989, p. 186).

A parceria com praticamente todos os expoentes da nossa canção de câmara a partir dos anos vinte, de fato, foi impulsionada pela confluência de pontos fundamentais dos projetos de música e poesia modernista.

Escrita em 1945 sobre a melodia pronta para as *Bachianas nº 5*, a letra de "Dança do Martelo" (H. Villa-Lobos, 1965)[4] alinha-se à prática nacionalista de Villa-Lobos. O cenário e o sentimento derivam do sertão do Cariri, do nordeste onde o maestro tantas vezes buscou inspiração musical. No meio da seca, o eu lírico se ressente de sua água: o seu bem. Tenta compensar a saudade conversando, cantando com os pássaros ele mesmo feito "violeiro cantadô". As oralidades como "amô" em lugar de "amor", ou "alembrá" por "lembrar"; as numerosas interjeições "ah", "eh" e "ai" (estas ouvidas, é verdade, muito mais na melodia) adensam o texto com entonações características da fala. Do mesmo modo, na parte final, a profusão de onomatopéias em "lá" e "liá" ajuda a simular a cantoria do "irerê", da "cambaxirra", da "juriti", da "patativa", do "bem-te-vi" e, finalmente, do

4. Bandeira compilou a letra em *Mafuá do Malungo* (1948-1954), na série "Três Letras para Melodias de Villa-Lobos", com o título "III / Quinta Bachiana" (M. Bandeira, 1998, pp. 322-323).

"sabiá", dos maiores símbolos da cultura brasileira, ao menos desde o romantismo de Gonçalves de Magalhães e Gonçalves Dias. No dístico "Lá! liá! liá! liá! liá! liá! / Eh! Sabiá da mata cantadô!", compositor e poeta fingem o canto dos pássaros naquelas regiões agudas conquistadas só pela voz de *soprano*.

O bardo do Recife possuía versos que interessavam aos músicos eruditos, principalmente os com temas folclóricos como "Berimbau" ou "D. Janaína". Não obstante, conectava-se a certo trato urbano encontradiço nos compositores de samba e marcha dos anos 1920 e 1930. Não seria de se esperar, então, que se entrosasse também em parcerias com sambistas? Além da energia concentrada na música erudita, há, nesse período, um grande número de letristas cujo traquejo técnico com a linguagem da canção popular pouco interessava aos poetas de livro. Não é exagero afirmar que nomes como Noel Rosa e Assis Valente foram desprezados por seus contemporâneos da "alta cultura". É, inclusive, lento o desenvolvimento de instrumental adequado, ou pelo menos exclusivamente comprometido, com a análise rigorosa da canção popular brasileira. Bandeira, ainda assim, nos versos de "Mangue", fala dos "primeiros choros dos carnavais cariocas / Sambas da Tia Ciata". Escreveu o exercício "Letras para Heitor dos Prazeres", em *Estrela da Tarde* (1963). Emparceirou "Portugal, meu Avozinho" com Ari Barroso. Letra que, a exemplo de "Azulão", recebeu nova melodia de Moraes Moreira como se originariamente fosse poema. Se bem que ela tenha sido publicada em *Mafuá do Malungo*...[5]

Assistente de Canção Popular

Embora apresentem pontos cotejáveis, não existe ligação direta entre o modernismo e a canção popular de até meados dos anos 1950. Mesmo assim, têm ganhado impulso aproxi-

5. Para uma síntese sobre os encontros e afastamentos entre modernismo e música brasileira em geral: E. Travassos (2003).

mações entre alguns poetas modernistas e compositores dos anos 1920 e 1930. Manuel Bandeira é figura quase obrigatória em estudos dessa natureza. Chamo de aproximação porque, se por um lado, aos poetas de linha modernista importava pouco o produto dos compositores do rádio, por outro, quantos destes divisavam alguma relevância na "barulhenta revolução modernista"? Não se tem notícia de uma dinâmica ou de uma troca de influência sustentada entre os lados no instante mesmo de seus surgimentos. Mário de Andrade, por exemplo, pouco exteriorizou algum vivo interesse pela qualidade da canção popular; muito menos quis trazer elementos dela para dentro de sua escrita literária. Pelo contrário, desconfiava da canção popular – incluindo as marchinhas de carnaval – a qual germinaria apenas para responder às exigências do mercado cultural e, portanto, não passaria de

> [...] submúsica, carne para alimento de rádios e discos, elemento de namoro e interesse comercial com que fábricas, empresas e cantores se sustentam, atucanando a sensualidade fácil de um público em via de transe. Se é certo que, vez por outra, mesmo nesta submúsica, ocasionalmente ou por conservação de maior pureza inesperada, aparecem coisas lindas ou tecnicamente notáveis, noventa por cento desta produção é chata, plagiária, falsa como as canções americanas de cinema, os tangos argentinos ou fadinhos portugas de importação (M. de Andrade, "Música Popular", 1963, p. 281).

Uma assertiva chocante vinda de alguém tornado símbolo também dos estudos da cultura popular. É que ele estava tomado pela música folclórica, que lhe soava sem "contaminações" e mais autêntica que qualquer samba executado nas rádios:

> [...] o verdadeiro samba que desce dos morros cariocas, como o verdadeiro maracatu que ainda se conserva entre certas "nações" do Recife, esses, mesmo quando não sejam propriamente lindíssimos, guardam sempre, a meu ver, um valor folclórico incontestável. Mesmo que não sejam tradicionais e apesar de serem urbanos.

A música preferida soa dos interiores, a das cidades maiores se salva quando embutida de um residual da cultura popular. Mário de Andrade não capta o nascimento de uma nova canção urbana com regras e meios peculiares. Se a distinção que propõe entre as duas espécies de música não deve ser encarada como opinião geral do período, revela um pouco sobre o quanto os projetos modernistas – de música ou de literatura – andavam a quarteirões do desenvolvimento da canção popular de consumo. Nesse sentido, convém sublinhar que uma fatia gorda do acervo hoje celebrado como raiz da nossa canção – sambas de Sinhô, Caninha, Noel Rosa, Wilson Batista, Ismael Silva etc. –, aos ouvidos do pesquisador de *Ensaio sobre a Música Brasileira*, ressoava como desvio ou completo rebaixamento de uma música "primitiva", aí sim "autenticamente" nacional.

Simultaneamente, parece improvável que as experimentações modernistas fossem levadas a sério ou refletidas pelos compositores populares. Mesmo informados sobre um "movimento modernista" que andava pelo pensamento e pelas artes nacionais, não esboçaram avizinhamento capaz de deslocar alguma influência significativa para suas canções. Trilhando, em verdade, um caminho bastante independente e original, se abstraíam de qualquer linhagem ou orientação exteriores. Chama a atenção, porém, uma marcha excêntrica, composta por Noel Rosa e Lamartine Babo em 1931.

Trata-se de *A. B. Surdo* (N. Rosa, 1983). Afamados gozadores, arrancam riso ao reforçarem lógicas inusitadas, como "a lua vem surgindo / Lá no céu da boca". Técnica ordinária nos movimentos de vanguarda, o hermetismo é acentuado como falta de inteligibilidade sobrevinda da leitura de parte da poesia modernista, principalmente para aqueles que desconheciam seus princípios ou os repudiavam. Com *nonsenses*, enfim, divertidos, a dupla ironiza o futurismo de Marinetti. À época, pelo menos no Brasil, arremessava-se o termo *futurista* para depreciar a arte modernista como um todo, daí a marcha representar recusa palpável à estética modernista. O diálogo entre poesia brasileira do século XX e canção popular só ganharia musculatura adiante, quando textos, idéias, ou escritores vão participar da canção ou aparecerem referidos nela. Houve contatos francos, como a associação decisiva de Vinícius de Moraes com a bossa nova, nos anos 1950. Assim nos anos 1960, os tropicalistas se apropriando da poética concretista e, por conseguinte, da leitura que esta propunha de Oswald de Andrade.

Manuel Bandeira dividiu boemia com Sinhô e Catulo da Paixão Cearense, fotografando-os em algumas crônicas apetitosas: "Na Câmara-ardente de José do Patrocínio Filho", "Enterro de Sinhô" e "Sambistas" (M. Bandeira, 1966 ou 1977). Entretanto, semelhante a Mário de Andrade, revelou pouca intenção estética para com a canção popular. Tampouco buscou se inscrever como letrista entre os compositores, ao jeito de Vinícius. Há, portanto, mais coincidências que influências entre sua poesia e a canção popular dos anos 1920 e 1930, período em que internaliza e personaliza muitas técnicas modernistas se consolidando como artista prestigiado. A obra de Bandeira encontrou os compositores populares quase sempre depois de sua morte. Há poemas que receberam música, como "Rondó do Capitão", utilizado por João Ricardo no primeiro álbum dos *Secos e Molhados* (1973). "Vou me embora pra Pasárgada" foi parafraseado no samba-enredo "Terra Azul", de Evaldo Gouveia e Jair Amorim.

Um dos que propõem similaridades entre modernismo e canção popular, Afonso Romano de Sant'Anna (1980, p. 185) defende que se o carnaval carioca foi promovido por poetas e prosadores modernos, as escolas de samba do Rio de Janeiro, principalmente, também passaram a utilizar "como enredo temas literários descrevendo obras e temas de autores modernistas como a *Pásargada* de Manuel Bandeira, *Invenção de Orfeu* de Jorge de Lima, *Macunaíma* de Mário de Andrade, a obra de Monteiro Lobato e outros". Esse "jogo de espelhos", porém, sofreu diversas mediações artísticas ou sociais pouco explicitadas por Sant'Anna. Os compositores de escolas levaram anos, até décadas, para assimilar, uma vez ou outra com incentivos oficiais, as obras de tais escritores. Também não era apenas a música de carnaval, mas o carnaval em toda sua expressão de festa popular que interessava aos poetas e prosadores modernistas. Nos versos de "Sonho de uma Terça-feira Gorda", por exemplo, Bandeira busca criar o ambiente do principal dia de carnaval; há referências à música em meio a toda euforia carnavalesca de fantasias, danças, bebidas etc.

Nos estudos em que pude surpreender relações entre Manuel Bandeira e a canção popular, as comparações do poeta com Sinhô e Noel Rosa são abundantes. O contraponto com Sinhô é favorecido pelas crônicas em que o próprio Bandeira inscreve o compositor como figura típica do Rio de Janeiro. Sua curiosidade quase pitoresca pelo personagem estende-se para as composições do sambista. Numa carta de 1928 a Mário de Andrade, tenta convencer o amigo que as "letras de Carnaval" podem ter lá alguma graça:

> [...] você já ouviu o disco de maxixe do Sinhô *Ora Vejam Só* – colosso, que coisa mais carioca! Se não encontrar o disco, pelo menos a música impressa deve haver. Procure. Provavelmente será o *leit-motiv* do carnaval deste ano porque a cidade já está empolgada, todo mundo canta (M. Bandeira, M. de Andrade, 2001, p. 371, 3 jan. 1928).

O interesse do poeta se prende ao potencial de autenticidade da canção e ao evento representado por seu sucesso estrondoso. Não há menção à possível qualidade literária do material lingüístico da letra. As crônicas, já mencionadas em nota, igualmente, constituem uma das poucas fontes, escritas à época de Sinhô, acessíveis em livro. Vasco Mariz (*A Canção Brasileira*) e, a partir dos anos 1990, Hermano Vianna (*O Mistério do Samba*), Luiz Tatit (*O Cancionista: Composição de Canções no Brasil*), André Gardel (*O Encontro entre Bandeira e Sinhô*) e Santuza Cambraia Naves (*O Violão Azul: Modernismo e Música Popular*) autores que dedicaram atenção ou alguns parágrafos ao compositor, sempre se reportam, em certa medida, aos textos de Bandeira. Mesmo Edigar de Alencar (*Nosso Sinhô do Samba*), biógrafo generoso que disponibiliza uma profusão de informações e referências sobre "O Rei do Samba", não foge à regra.

O trabalho de Gardel (1996), como sugere o próprio título, detém-se especificamente no confronto entre as duas personalidades. Dispondo informações valiosas sobre a cena cultural e boêmia do Rio de Janeiro dos anos 1920, o livro emparelha a relevância que tiveram, nesse contexto, os homens, os artistas Manuel Bandeira e José Barbosa da Silva, o célebre Sinhô. A idéia de acarear um representante originário da elite e outro brotado das camadas populares recobra – envergaduras interpretativas mensuradas – a estratégia de Vianna (2005), qual seja: entender a nacionalização oficial do samba a partir de um encontro "entre a turma de Gilberto Freyre e a turma de Pixinguinha". Também em André Gardel a noção de "encontro" entre as partes é antes metafórica que factual, sugerindo a brecha para entrelaçar duas leituras. Uma contemplando o "diálogo temático-estílisco entre as obras poéticas dos dois autores, tendo como meio mais importante de comunicação a cultura popular urbana moderna". Outra empreendendo a reflexão "sobre o movimento contraditório de rarefação e demarcação de fronteiras dos espaços socioculturais cariocas nos anos 20". Dessa ampla discussão, ressalto alguns aspectos desse "diálogo temático-estilístico", porém como aproximação, uma vez que só vejo caracterizado o intercâmbio se houvesse interação, interlocução ou troca intencional de influências de pelos menos um dos lados.

Na seleção de temas, Manuel Bandeira, como Sinhô, costumava mergulhar no cotidiano da capital da República Velha, para retirar daí a matéria para incontáveis crônicas e poemas. Ao desentranhar da cidade cenários, tipos humanos, paisagens e conflitos típicos do dia-a-dia carioca, o poeta se equipara ao compositor. É o que Gardel faz exaustivamente: mostrar duas individualidades artísticas que se serviriam de matriz temática análoga. E por que Sinhô? Os estudiosos concordam quanto ao papel principal representado por Sinhô na década de 1920. Ele chegou a ganhar em vida o cobiçado título de "Rei do Samba". Na síntese de Luiz Tatit (2001, p. 226 ou 2004, p. 96):

> [...] habilidoso com seu piano e inspirado para criar melodias [...], Sinhô, na busca obstinada do êxito pessoal, acabou forjando a forma ideal de uma canção brasileira de consumo. Sua trajetória artística deu o tom e o padrão musical dos anos 1920 e influenciou decisivamente os cancionistas – e, em particular, Noel Rosa – que protagonizariam a era de ouro do samba na década seguinte.

Do ponto de vista estilístico, se Bandeira era capaz de colar uma passagem de Oscar Wilde ao lado de qualquer verso prosaico, como se catado ao chão, Sinhô se apropriava livremente do material poético-musical circulante nas ruas, bares, terreiros, enfim, onde se cantasse e dançasse. Gardel credita a esses pequenos furtos e plágios alguns "pressupostos modernos" da poética de Sinhô. Aparentadas a lugares-comuns da modernidade, tais características parecem obedecer, na origem, aos mecanismos específicos de uma canção popular que se encorpa, que procura fixar seus formatos. Extrair dessa manifestação traços de uma dinâmica erudita e escrita, como a poesia moderna ou modernista, traz pequenas vantagens. Tais aspectos da canção popular – pela dificuldade de ser interpretada e examinada em suas próprias tramas – talvez fossem melhor iluminados pelos estudos de poesia e cultura oral, como o *Oralidade e Cultura Escrita*, de Walter Ong. Ao lado dos estudos musicais, pesquisando por dentro a fixação do samba que hoje chamamos tradicional, o trabalho de Carlos Sandroni (*Feitiço Decente: Transformações do Samba no Rio de Janeiro*, 1917-1933) conseguiu trazer interpretações dignas de atenção e acréscimos absolutamente inéditos.

Manuel Bandeira fundiu à sua primeira poética, de linguagem predominantemente solene, o tom coloquial. Sinhô também oscila inversamente entre esses extremos de registros, o que contribuiu para que em crônica o poeta o distinguisse como figura mediadora entre as camadas mais ricas e as menos abastadas[6]. Nesse sentido, Sinhô é curiosamente caracterizado com algumas cores de Ricardo Coração dos Outros, personagem com que Lima Barreto (*Triste Fim de Policarpo Quaresma*, 1980, pp. 27-31) simbolizou o malandro-compositor de modinhas dos inícios do século XX. Tamanha pluralidade na linguagem de Sinhô, no entanto, nem sempre recebe avaliação positiva. A melhor canção popular, para muitos, precisa ser escrita em língua coloquial. Daí não demorarem a tachar de *semi-eruditos* os célebres versos "Aí, então, dar-te eu irei / O beijo puro na catedral do amor", da canção "Jura" (1928). Mesmo sem ressaltar a *semi-erudição* como característica central de Sinhô, Luiz Tatit (1996, pp. 32-34) tende a enfeixar sob marca semelhante compositores como Cartola, Nelson Cavaquinho e Lupicínio Rodrigues. Naves e Gardel forçam as tintas dessa categorização, manifestando uma forte tendência a antipatizar com a liberdade dos compositores populares de empregar palavras, citações e construções consideradas "requintadas" ou "literárias".

Pressuposto de estudos esclarecedores de José Ramos Tinhorão (*O Samba-canção e o Advento dos Semi-eruditos*, 1997, pp. 51-55; *A Marcha e o Samba*, 1974, pp. 113-126), a embalagem *semi-erudito* engendra inoperâncias. Como congelar uma única faceta de compositores cujas obras desafiam os padrões convencionais de unidade? Tomando o exemplo de Cartola, há em sua expressão poética de fato alguns preciosismos, mas isso surge sortido de usos informais. Que dizer das letras coloquiais que o transformaram num dos grandes compositores de samba-enredo da Mangueira? Tomá-lo apenas por *semi-erudito* é como resumir Bandeira ao parnasiano dos primeiros livros, quando,

6. "Ele era o traço mais expressivo ligando os poetas, os artistas, a sociedade fina e culta às camadas profundas da ralé urbana. Daí a fascinação que despertava em toda a gente quando levado a um salão" (M. Bandeira, 1977, pp. 452-454).

na prática, o poeta adquiriu formas da linguagem do dia-a-dia sem esquecer o vocabulário raro. Do ponto de vista do resultado, o que há de errado em artistas populares – como Cartola e Nelson Cavaquinho – experimentarem expressões supostamente mais refinadas? Em termos comparativos, inclusive, a linguagem mista, por assim dizer, de um Sinhô ou de um Cartola poderia, aí sim, ser estudada em confronto com a dos poetas modernistas. À medida que estes foram absorvendo coloquialismos, também conseguiram um efeito heterogêneo dentro de suas poéticas. Assim, proponho o seguinte paralelo: na canção, a linguagem requintada é apropriada por uma matriz predominantemente coloquial; na poesia modernista, ao contrário, é a linguagem coloquial que vai sendo inserida num registro tradicionalmente culto. Eis um solo ainda pouco roçado pelos estudos que ladeiam música popular e poesia modernista.

Em geral, a crítica e os estudos literários acolhem com empolgação a "invenção" modernista de uma língua literária perpassada por tons populares. Nas aproximações da canção popular com a poesia em que esse intento se manifesta, são valorizados aqueles compositores que, como Noel Rosa, empregariam uma linguagem "natural" e "fluentemente" coloquial. Mas se *semi-erudito* revela pouco sobre qualquer *cancionista*, para usar o termo forjado por Tatit, conceber o estilo de Noel apenas pelo coloquialismo diz mais do modernismo que do próprio sambista. Quando se tenta emparelhar a produção de Noel à estética modernista, geralmente, o ponto de partida é o uso da linguagem cotidiana comum a ele e a escritores como Manuel Bandeira ou Oswald de Andrade. Entre os compositores, Noel seria o baluarte do despojamento com a língua. Mas tal linha de reflexão arrisca-se em reduções: "a música popular concretiza um certo ideal modernista que valoriza o *despojamento* e rompe com a tradição bacharelesca, associada a determinadas concepções de erudição" (S. C. Naves, 1998, p. 15). A trilha interpretativa de Naves já havia sido percorrida por Afonso Romano de Sant'Anna:

> [...] a proposta Modernista: atualização da cultura brasileira, ou a atualização da *linguagem* brasileira, foi realizada também pelo samba e outros gêneros populares nas décadas de 1920 e 1930. Deixou-se de lado a linguagem impostada e literária que acompanhava as modinhas de salão do século XIX e que ainda aparece em Orestes Barbosa (*Chão de Estrelas*) e mesmo em Sinhô ("pois fui de plaga em plaga, além do além / numa esperança vaga", *Cansei*). Nos sambas como o de Ismael Silva (*O Antonico*), numa linguagem coloquial invejável, e nos de Noel Rosa, em geral, encontramos o tom da *língua brasileira* que os modernistas perseguiram (A. R. Sant'Anna, 1980, p. 196).

A convicção de que a canção popular coloca em prática algum "ideal" ou "proposta" modernista sustenta-se apenas como metáfora. É difícil imaginar que compositores dos anos 1920 ou 1930 conhecessem em profundidade os objetivos de nossas vanguardas, sobretudo algo tão específico como o projeto citado por Naves e Sant'Anna: a linguagem literária fluentemente temperada por elementos populares. Ambas afirmações procuram descrever a canção popular através de algo que não existe nela como programa. A música popular brasileira daquele período, e talvez a de todos os tempos, raramente obedeceu a algum projeto estético interno, quanto mais importado de outras artes. Mesmo quando Noel Rosa escreve "tudo aquilo que o malandro pronuncia / Com voz macia é brasileiro, já passou de português", no samba *Não Tem Tradução*, composto em 1933, parece mais querer caçoar daqueles que, num esnobismo lingüístico, enchiam a fala de termos ingleses e franceses.

"Noel se mostra atento", insiste Naves (1998, p. 114), "em captar não apenas as questões, mas também a forma adequada ao momento histórico em que vive, concebendo o *despojamento* como a linguagem adequada ao seu tempo". Além disso, "tal como Manuel Bandeira, cuja subjetividade poética se estilhaça em cacos jornalísticos ou rotineiros do cotidiano, Noel, através do estilo simples que desenvolve, constrói um eu lírico fragmentário, não suscetível de completude". A crença de que Noel Rosa acomodaria uma linguagem coloquial em sintonia com seu tempo, extrema a idéia difundida em parte da crítica literária de que o modernismo – pela exploração do verso livre, da linguagem pouco solene e dos temas prosaicos – seria o perfeito tradutor dos anos 1920 e 1930, portanto necessário à poesia brasileira. De acordo com Antonio Candido e José Aderaldo Castello (1975, p. 19) – apenas para ilustrar a discussão com uma passagem didática dos autores – os poetas modernistas "adotaram antes de mais nada o verso livre, que predominava em toda a literatura desta fase e cuja extrema flexibilidade permite um registro sensível da realidade interior e exterior, ampliando as possibilidades expressivas". A entrada do verso livre no Brasil, sem dúvida, contribui para renovar a linguagem poética, mas escrever sem contar sílabas nunca garantiu a poeta nenhum maior adequação ou compreensão de seu tempo. Do mesmo modo, escrever como que transcrevendo traços da língua do povo, não dá ao modernismo, em relação ao romantismo, por exemplo, o privilégio de estar em maior sintonia com seu respectivo momento histórico. Quem se encontra em condições de responder às questões engendradas em nossos dias? Os *raps* dos Racionais MCs, o último disco de Chico Buarque, os sonetos de Glauco Mattoso? Ou resiste atualidade nesse tipo de questionamento?

Para Naves (1998, pp. 172-173), compositores como Cartola, Ari Barroso e Catulo, enquanto *semi-eruditos* e influenciados pelo parnasianismo e romantismo, expressariam "recusa à percepção histórica do mundo" ou "arremedo de classicismo fora de época". Ora, a tática de valorizar determinado artista pela suposta afinidade que tenha com seu tempo é temerária, pois esse tempo não deixa de ser um construto histórico do crítico ou do historiador, tal como a imagem do artista criada pelo mesmo estudioso. Para entender os motivos que levaram todos esses compositores a ser tão prestigiados, estimaria metodologias moldadas para a descrição e investigação das urdiduras específicas de suas obras. É uma ginástica e tanto imaginar, aliás com o grosso dos críticos, alguém venerado em vida como

Catulo, exímio articulador de metros poéticos, simplesmente se recusando a compreender o mundo a sua volta! Mesmo sem apreço especial aos cancionistas, Mário de Andrade ("Música Popular Brasileira", 1977, p. 193) distinguiu no cantor de *Luar do Sertão* apenas características que deveríamos esperar dele: a capacidade de falar a seu povo, pois "tanto na modinha como especialmente na toada e também no romance, inventou algumas das mais admiráveis criações da poesia popularesca".

A comparação entre Noel Rosa e Manuel Bandeira consegue render, ainda, outros lucros. Como para Noel a matéria diária costuma entrar na confecção de suas canções, a noção de *desentranhamento*, uma das grandes chaves hermenêuticas para a poesia bandeiriana, ajudaria na abordagem da obra do compositor. Um samba como *Coisas Nossas* seria um típico arranco poético do tumulto cotidiano ao modelo do poema "Momento num Café". Por outro lado, segundo Luiz Tatit (1996, p. 30), na maior parte das composições de Noel, como *Palpite Infeliz* ou *Três Apitos*,

> [...] à melodia cabia fisgar a emoção ou o humor específicos da experiência e não ao texto. A este cabia circunscrever o conteúdo tratado (situação cotidiana, amorosa), sem ultrapassar os limites entoativos que dão naturalidade ao traçado melódico. O equilíbrio malabarístico disso tudo era o samba,

cujo caráter rítmico se define pela pulsação regular de fundo. A interessante imagem de equilíbrio traz ganhos para muitos poemas de Manuel Bandeira. Em "Pensão Familiar" ou "Na Rua do Sabão", por exemplo, entrevê-se um "equilíbrio malabarístico" para sustentar ritmicamente o vocabulário e os rastros da fala coloquial em versos livres, harmonizados pelo desentranhamento da poesia do cotidiano. De maneiras parecidas, Bandeira e Noel exercitariam grande habilidade técnica, a ponto de proporcionar a sensação de que tudo acontece sem o menor esforço, gerando no leitor / ouvinte um efeito de naturalidade dentro da imprevisibilidade artística.

Em 1986, centenário de nascimento do poeta, Olívia Hime encabeçou um projeto que reuniu compositores – na maioria, da canção popular – para colocar "música propriamente dita" em versos de Manuel Bandeira. Os poemas escolhidos, quase todos metrificados, são de momentos diferentes da obra, o que reforça o tom de homenagem. Gilberto Gil musicou "Vou-me Embora pra Pasárgada"; Francis Hime, "Desencanto"; Tom Jobim, "Trem de Ferro"; Milton Nascimento, "Testamento"; Wagner Tiso, "Belo Belo"; Moraes Moreira, "Portugal, Meu Avozinho"; Ivan Lins, "O Impossível Carinho"; Dorival Caymmi, "Balada do Rei das Sereias"; Toninho Horta, "Baladilha Arcaica"; Joyce, "Berimbau"; Radamés Gnatalli, "Temas e Voltas"; Dori Caymmi, "Versos Escritos n'Água" e, finalmente, Olívia Hime, "Estrela da Vida Inteira". Todo esse material, cujo encarte conta ainda com textos de Tom Jobim, Cacaso, Carlos Scliar, Ferreira Gullar e da própria Olívia, resultou no disco *Estrela da Vida Inteira*, o maior esforço efetivo de aproximar a poesia de Manuel Bandeira à canção popular.

Poesia Musical? Críticos em Apuros

A fortuna crítica de Manuel Bandeira está repleta de estudiosos, das mais variadas vertentes, destacando alguma conversa dele ou de sua poesia com a música. A maioria apenas arrola o divulgado sobre o tema no *Itinerário de Pasárgada*. Felizmente, há os que alargam os testemunhos do autor e avançam por reflexões distintivas. É quando a música não se faz presente apenas pela proximidade do escritor e da obra com as canções erudita e popular, como mostrei há pouco. Refiro-me aos que identificam certa musicalidade inerente à linguagem ou a experiência poética. Mas antes, preciso sinalizar alguns portões de acesso que têm levado a crítica a aproximar Bandeira da arte dos sons.

Em primeiro lugar, evidentemente, é folhear uma vez mais o *Itinerário*. Nele, o escritor discorre sobre seu fascínio pela música, que emerge como principal influência extraliterária. Maior que a pintura ou o desenho, ela se transforma em idéia fixa: "não há nada no mundo de que eu goste mais do que de música. Sinto que na música é que conseguiria exprimir-me completamente" (M. Bandeira, 1997, p. 49). Enunciados dessa ordem nortearam muitos ouvidos a detectar ecos de musicalidade na obra do poeta; formaram verdadeiras pegadas a encorajar pequenas interpretações aferradas à música.

Outros desembarcam no assunto munidos da seguinte informação: Manuel Bandeira, entre os poetas nacionais ditos cultos ou de livro, destaca-se com o maior número de poemas musicados em todos os tempos. A participação maciça nos *lieder* brasileiros do século XX está, inclusive, competentemente mapeada por Vasco Mariz em dois textos há pouco mencionados: *A Canção Brasileira* e *Manuel Bandeira, o Poeta e a Música*.

Também se pode creditar ao poeta o cultivo de procedimentos fonéticos (aliterações e assonâncias) e estruturais (paralelismos, refrões, variações sintático-temáticas) que, num poema, podem redundar em musicalidade. Sua abertura para a música, nesse sentido, desembrulha-se desde o primeiro livro, *A Cinza das Horas* (1917), quando a flexibilização do ritmo tradicional marca a passagem pelo simbolismo. Ao adicionar técnicas tipicamente modernistas à sua poética, Manuel Bandeira já era perito nos torneios musicais da metrificação, ao que conseguiu unir os do verso livre. Junte-se a isso, a variedade e riqueza de imagens musicais que freqüentam toda sua produção, como em "Epílogo": "Eu quis um dia, como Schumann, compor / Um carnaval todo subjetivo". Em "Não Sei Dançar": "É por isso que sinto como ninguém o ritmo do *jazz-band*". Ou em "Mangue": "Era aqui que choramingavam os primeiros choros dos carnavais cariocas / Sambas da Tia Ciata".

Numa última conjectura, na falta de termos da poética ou da teoria literária para abarcar de maneira satisfatória algumas características próprias à linguagem dos poemas de Manuel Bandeira, foi, muitas vezes, necessário lançar mão de metáforas tomadas ao campo musical. Em vez do silêncio diante do objeto, a legítima tentativa de comunicação crítica por intermédio de outra arte.

Embora os estudiosos que me acompanham a seguir sublinhem traços musicais no poeta, a maioria margeia o assunto, porquanto seus escritos entregam-se a outras inquietações. Além dos trabalhos de Vasco Mariz e Eurico Nogueira França, há pelo menos mais dois artigos focando especificamente a presença da música em Manuel Bandeira. Luiz Paulo Horta, com "Bandeira e a Música", publicado na revista *Belo Belo*, em 1986; Ivone Silva Ramos Maya, com "Musicalidades Subentendidas no Modernismo Brasileiro", saído em 2001, nos anais do primeiro congresso *Ao Encontro da Palavra Cantada – Poesia, Música e Voz*. Breves e estendendo o exposto no *Itinerário*, possuem o mérito de reafirmar e manter viva a matéria deste ensaio.

Crítico de música, tradutor de importantes obras da área, como a *Poética Musical* de Igor Stravinsky, Horta, basicamente, agarra-se àquela idéia do poeta nacional de ligação mais animosa com a música. Justifica tal característica colocando em cena a já apresentada "musicalidade subentendida", crivada por Andrade Muricy. O artigo de Ramos Maya, apesar do título genérico, dedica-se sobretudo à poesia modernista de Manuel Bandeira. Partindo também dos relatos autorais, chega a falar, desafortunadamente sem muito desenvolvimento, em "ritmo musical" e "tessitura sonora". Propõe uma musicalidade resultante de fraseados coloquiais, vestígios quem sabe da entonação popular. Ao mesmo tempo, descobre, na ressonância de Jaime Ovale em toda obra em verso e prosa de Bandeira, outra variante da "musicalidade subentendida": Ovale repercutiria, de hora em hora, "com a força mágica de um canto".

Em dois textos mais afastados dos depoimentos do autor – "Nota Preliminar", que compõe a introdução a *Manuel Bandeira – Poesia Completa e Prosa* e "O Medievalismo em Bandeira" – Franklin de Oliveira (1977, p. 31 ou 1980, p. 237), por exemplo, defende que a principal musicalidade do poeta não resulta de nenhum trabalho formal ou estrutural com as palavras:

> A musicalidade da poesia de Manuel Bandeira não decorre da organização do poema, não emerge do processo de elaboração do poema, mas resulta da natureza intrínseca da emoção poética: a música como que armada quase numa só equação de silêncio – tão fina se esconde na última camada audível da palavra; música que começa onde a palavra termina.

A musicalidade, para Oliveira, nomeia antes de tudo um estado de comoção, no qual o leitor se vê lançado depois de encontrar os versos de Bandeira. Do ponto de vista crítico-analítico, essa delimitação, ainda que sentida, diz pouco. Descarta-se a possibilidade de entrever num poema expedientes lingüísticos, imagéticos ou raptados à música capazes de, eventualmente, permitir tamanha viagem. Oliveira, embora os reconheça, desiste de sondar a "organização do poema", os mecanismos impressos no texto que gerariam alguma musicalidade, que por sua vez fornecesse a emoção por ele denominada de musical. Quando relatou sua experiência de leitor com "Última Canção do Beco", "Momento num Café" e "Canção do Vento e de Minha Vida", Otto Maria Carpeaux (1958, p. 50) buscou o mesmo abrigo musical. Para ele, os três poemas "deixam na memória ecos, comparáveis a obras musicais de que apenas um *tema*, uma *melodia* fica lembrada. Antes espécie de estado poético do que poesia".

Lêdo Ivo, que certa vez definiu Bandeira como "o poeta brasileiro mais mudado em música", reconhece que alguns leitores vão até as obras poéticas buscar, precisamente, essa "impregnação afetiva" de "natureza musical ou plástica". Ao sondar os esconderijos pornográficos do poema "Água-Forte", de *Lira dos Cinqüent'anos* (1940), alerta, no entanto, para a superficialidade desse tipo de leitura, a qual "sem se dar ao trabalho de descer até a raiz do poema, até a origem profunda que o informa e elucida, compartilhando apenas de sua magia verbal e de sua música" (L. Ivo, "O Preto no Branco", 1978, p. 195), tende a se postar indiferente ao seu "raciocínio" ou "sentido oculto". Ou seja, identifica certa musicalidade poética à maneira de Franklin Oliveira e de Carpeaux, mas aponta sua deficiência interpretativa quando dispersa de outras questões abrangentes no poema.

José Guilherme Merquior ("Poesia Modernista", 1965, p. 26), por sua vez, adere à música para tentar chegar aos nervos da linguagem do poeta:

> O segredo de Bandeira talvez resida nessa modesta ousadia de despir a nossa língua de todo atavio, de todo adorno meramente externo, e na sábia maneira de musicar a emoção com enorme fidelidade à marcha do português, do português-brasileiro. Por isso o seu modernismo nunca foi muito de violência, mas de adaptação: foi ele quem utilizou a liberdade da nova escola para reexprimir com nova flama quase todas as nossas tradições.

Se música é a metáfora bolada por Oliveira para expressar o que sentimos ao ler essa poesia, em Merquior, música associa-se à economia verbal. Musicar como emoção poética expressa através de uma linguagem essencial, depurada, espécie de escrita sem arestas. Nos versos de "Estética Musical", escrito em homenagem ao poeta de Recife, Carlos Drummond de Andrade (1986, p. 22) caminha por trilha idêntica. Assegura que Bandeira almejava a "rosa na roseira" em si e sem vaso, em "forma pura", ou seja, como na arte de organizar os sons só lhe interessaria as palavras de fato indispensáveis. Assim entendido, o uso de "musicar" reinventa aquele sentido, proposto pelo próprio Manuel Bandeira ("Poema Desentranhado", 1966, p. 87), de desentranhar a poesia da realidade limpa da camada desinteressante. O artista da palavra como sujeito que desentranha "a poesia que há escondida nas coisas, nas palavras, nos gritos, nos sonhos. A poesia que há em tudo, porque a poesia é o éter em que tudo mergulha e que tudo penetra". A tarefa do poeta: criar em cima de dada realidade e falar como se estivesse dentro dela. Selecionar do cotidiano o que interessa enquanto matéria lingüística e imagética: fatos prosaicos e vulgares, pregões de feira, trechos de canções, de outros poemas, nacos de fala etc. Determinada paisagem ou circunstância cotidiana brotando como se retratada. O poeta, assim, nos entrega ao impasse central da representação literária: a tensão entre referência (a realidade textual) e o referencial possível (a existência, o mundo factual).

Davi Arrigucci também reserva algumas páginas de seu extenso trabalho para a ligação entre poesia e música. Menciona as interpretações de Andrade Muricy e Aires de Andrade, transcritas no *Itinerário*, acerca da motivação de tantos compositores se apropriarem da obra do poeta. Insinua a pertinência de se problematizar a questão à luz de Mallarmé e T. S. Eliot. Confirma, enfim, a importância da música para o homem e, principalmente, para o artista. Concentra, no entanto, pelo menos duas observações instigantes e descoladas das revelações de Bandeira. A primeira delas a partir dos versos de "Cantiga", *Estrela da Manhã* (1936) (M. Bandeira, 1998, p. 152).

> A naturalidade da composição parece brotar tanto da fonte próxima da língua falada quanto dessa outra, espontânea, antiga e perene, da poesia popular, em que a voz individualizada do sujeito lírico tende a dissolver-se. [...] Música e sonho, com seu poder encantatório, parecem guardar ainda vibrantes no poema os ecos das origens simbolistas de Bandeira e, através delas, da primitiva fonte romântica (D. Arrigucci Jr., 1990, p. 166).

Pontua-se certa musicalidade pouco explorada pelo poeta em suas memórias. O aproveitamento das "coisas do povo" no tocante não apenas aos temas, à sintaxe ou ao vocabulário, mas ao cultivo rítmico e quiçá entonacional que embasariam sonoridades espontâneas e naturais. No poema mencionado, não há nenhuma grande barreira para a fluência da leitura, nem complicações no fraseado. As redondilhas menores, como numa "autêntica" cantiga ou versos de domínio público, relaxam a percepção numa quase monodia. Não suscitando interesse o assunto, ao menos os ouvidos estão acalentados. "Cantiga", para somar uma anotação de Sérgio Buarque de Holanda (1977, p. 22) aliada à música, seria destes poemas onde a "linguagem lírica não encontra estorvo, antes pode derramar-se à vontade, num doce fluir de ondas *musicais*".

A "naturalidade sonora", outra acepção para "música da poesia", Arrigucci atribui ao legado simbolista e, por conseguinte, à "primitiva fonte romântica". De fato, aqui podemos puxar da memória faturas como "Seus Olhos" ou a repisada "Canção do Exílio"; ambas de Gonçalves Dias, influxo sensível em Bandeira que, inclusive, chegou a escrever uma biografia do bardo maranhense. Tal musicalidade envolvente, ao mesmo tempo, chancela muito mais a captura da poesia popular notadamente nordestina. A utilização de versos ligeiros como a redondilha menor e de repetições sintáticas e vocabulares típicos da poesia oral se mostra, ainda no mesmo livro, em trechos de "Trem de Ferro" e em todo "D. Janaína". A abertura ao folclore, "às coisas do povo", contribuiu para que todos esses poemas se prestassem ao nacionalismo musical: "Cantiga", com o título "Canção do Mar", arrancou melodia de Lorenzo Fernandez; "Trem de Ferro", de José Siqueira; "D. Janaína", de Francisco Mignone.

Numa segunda consideração que me interessa aqui, Arrigucci ressalta o impacto da música como arte modelo para o poeta:

> [...] não foi apenas um gosto e um prazer, ou uma fonte possível de inspiração poética, mas também um *objeto de imitação* (assim como a pintura). Uma linguagem afim cujo padrão estrutural e procedimentos de composição poderiam ser eventualmente imitados por recursos de técnica poética na estrutura do poema, buscando-se um efeito artístico análogo (D. Arrigucci Jr., 1990, p. 170).

O que se declara música dentro da linguagem poética procria curiosidades de sentido. Os críticos que se atiraram, cada um a seu modo, à terminologia musical para significar a obra de Manuel Bandeira dão mostras disso. Na prática poética, como antevimos em "Debussy" e em outras reflexões, o poeta alimenta uma atraente discussão: é possível efetivar música dentro do poema? Por isso mesmo o posto de relevo que Bandeira ocupa no trabalho – talvez único no Brasil – de Solange Ribeiro de Oliveira. Em *Literatura e Música*, a estudiosa demarca o campo de ação da *melopoética*, nome cunhado pelo inglês Steven P. Scher à "disciplina" decidida a refletir sobre os estudos que relacionam literatura e música[7].

A conexão entre poesia e música remete, por exemplo, à lírica grega do século VI a.C., inimaginável sem a conformação para canto ou dança. Às tradições de épocas e lugares completamente diferentes: os hinos vedas, a antiga poesia chinesa, o trovadorismo português, a poesia provençal, a produção oral e formular, enfim, dos poetas-cantores de todos os tempos e culturas. Entre as artes custa especificar quaisquer rompimentos, aproximações ou reaproximações, se assumo o pressuposto de que música e poesia possuem origem comum e apenas um cisma pontual. Em todo caso, os laços já estiveram mais atados e as rupturas, desde a antiguidade, acompanharam a migração da transmissão poética para a escrita.

Depois de se divorciar da música e da dança, a poesia iniciou uma longa caminhada cuja meta seria a auto-suficiência. "Bastar-se a si mesma, com efeito, era a justa ambição de quem precisava encontrar uma música separada da música, um ritmo separado da dança. Apoiada na simples elocução, ela

7. S. R. de Oliveira (2002) também passa em revista muitas informações do próprio *Itinerário*, mas vale a pena, de todo modo, enxergá-las no contexto "melopoético" proposto por ela. Para a presente discussão, recomendo a leitura do capítulo "A Contribuição da Musicologia para a Análise da Obra Literária", pp. 101-154.

se afinou, tentando recriar valores perdidos no divórcio antigo". A proposição de Antonio Candido (2000, p. 207) sintetiza bem a idéia convencional de que houve um único e gradual afastamento entre música e poesia. Mas, se me distancio dessa noção, descubro que, ao longo dos tempos, sucederam-se momentos de maior ou menor contato entre as artes. O período simbolista caracteriza um avanço da poesia sobre a música. "De la musique avant toute chose", ensina Verlaine na abertura de "L'Art Poétique". Na mão contrária, o *Pierrot Lunaire* (1912) de Schoenberg com o *Sprechgesang*: tessituras melódicas atonais extraídas da entonação poética de Albert Giraud, em texto alemão de Hartleben. Os poemas sinfônicos também observaram obras literárias, ouça-se o *Assim Falou Zaratustra* (1896), de Richard Strauss.

Há caminhos para escolher com suas conseqüências interpretativas. Primeiro: poesia é linguagem própria e autônoma em relação a quaisquer artes. Segundo: poesia e música andam juntas na ópera, no *lied*, na canção popular, nos repentistas, no *rap*. Uma ou outra direção oferece estabilidade no exame, resolve-se ou pela auto-suficiência da linguagem poética, ou pela total comunhão com a música. Terceiro: depois de toda cisão com a música, a poesia continua desenvolvendo uma musicalidade peculiar a seu meio de expressão: palavras. Musicalidade adjacente e, a um só tempo, distante da "música pura". Por fim, numa quarta possibilidade, a música, embora apartada da irmã, continua emprestando vocabulário para a poesia se explicar e se reinventar. Na contramão dos primeiros, os últimos caminhos concentram uma tensão de fronteira: a poesia possui vetor musical e precisaria, necessariamente, da música para se significar.

Ao destacar a musicalidade poética, todo estudioso tem a opção de marcar ritmos de versos metrificados ou livres pela pauta. Mas a notação musical, às vezes imprecisa à música – por isso os esforços intensivos para aprimorá-la –, não detecta a musicalidade de um único decassílabo. Na pauta, educada para descrever da maneira mais exata eventos da música, o desenho sonoro de um poema é grosseiro. A poesia, mesmo lida em voz alta, detém-se numa faixa de som mínima se comparada à música; portanto, há que apreciá-la, ou ouvi-la, dentro de seus próprios limites acústicos. Se me apóio somente na melodia musical e tomo um poema como um *lied*, seus versos rangerão como música tosca.

"Para que a língua funcione como música é necessário, primeiramente, fazê-la soar e, então, fazer desses sons algo festivo e importante", propõe Murray Schafer ("Quando as Palavras Cantam", 1991, p. 239). É verdade que os sons das palavras, na fala corriqueira, são descartados logo que as pessoas se comunicam. Na linguagem impressa dos jornais os sons nem precisam ser proferidos, a informação vem silenciosa. A poesia, para Schafer, pela sensível preocupação com o significante, seria um dos lugares privilegiados para sentirmos a língua em sua feição acústica. Há risco, pois "à medida que o som ganha vida, o sentido definha e morre". Uma vez perdidos de vista os sentidos das palavras, resta a musicalidade por si, afastada da poesia. Se a poesia está nessa zona limite, sob ameaça de cair ou na simples narrativa de algum conteúdo ou na musicalidade, tenho que essa tensão não é dissolúvel, sob pena de restar-nos apenas música ou linguagem diária. Mostrarei, adiante, que a posição do compositor canadense assemelha-se, quanto ao fundo oral da musicalidade intrínseca à poesia, a de T. S. Eliot.

Nem sempre "musicalidade" ou "música" aplicam-se à poesia a fim de descrever a fração acústica. Como em Carpeaux, música, não raro, significa a sensação que poema provoca no ouvinte-leitor. Musicalidade pode ser a rotação de imagens num poema. A compreensão da poesia e a experiência poética freqüentemente passam pelo emprego de conceitos contrabandeados de outras artes. Nesse comércio, salta aos olhos a quantidade de metáforas musicais utilizadas nas explicações da tessitura sonora, imagética, conceitual, narrativa de um poema. Algumas delas passam despercebidas, tão desgastadas ou consagradas. Tratados, artes poéticas e textos em geral sobre o tema empregam às carradas a palavra *música* e parte de seu campo lexical: *melodia, harmonia, dissonâncias, orquestração, polifonia* etc.

Olavo Bilac e Guimaraens Passos (1921, p. 37): "compreende-se por verso – ou metro – o ajuntamento de palavras, ou ainda uma só palavra, com pausas obrigadas e determinado número de sílabas, que redundam em música". Como nas definições correntes do que seja boa música, almejam-se sonoridades agradáveis, suaves, resultantes de um ajustamento tal entre acentos, sílabas métricas e pausas, que a leitura dos versos seja fluida aos ouvidos: "para o gramático, a palavra representa sempre o que é precisamente: nada lhe importa o ouvido. O metrificador não se preocupa senão com o ouvido, e com o modo como a palavra lhe soa". A música emerge, assim, no âmago de uma concepção de verso que varia pouco nas poéticas ocidentais, pelo menos até inícios do século XX.

"As metáforas falam daquilo que está ausente. Toda metáfora que é mais do que uma abreviação de uma linguagem mais direta acena para aquilo que transcende a linguagem. Portanto, a metáfora implica em ausência." Este caráter de *ausência* no entendimento da metáfora por Karsten Harries (S. Sacks, 1992, p. 87) impõe duas indagações sobre aqueles que usaram a música para dizer não apenas à poesia de Manuel Bandeira: os discursos sobre poesia lançam mão de termos musicais, exatamente por que música e poesia um dia foram indissociáveis? A prática, então, seria um residual da longínqua união. Ou, a ocorrência da metáfora musical no trato com a poesia provém de outro vazio: a falta de metalinguagem específica, desenvolvida na própria reflexão crítica ou inventiva sobre poesia?

A terminologia musical tem sido apropriada por muitos dos que pensam a poesia, sobretudo a partir do século XIX. Tanto a filosofia como a literatura, constata Benedito Nunes ("Poesia e Filosofia", 1998, p. 73), constituem partes inseparáveis do painel histórico que reflete a música sob forma de idéias teóricas. Se, em determinado momento, como no século XVIII, a arte musical do Ocidente parece ser banida do âmbito do pensamento literário ou filosófico, em outros, como no século XIX, passará a constituir o pólo valorativo da poesia e até mesmo a experiência privilegiada, ora latente, ora manifesta, que a filosofia e a psicologia absorveram.

Poetas e idealizadores de concepções poéticas, Mallarmé, T. S. Eliot e Mário de Andrade são ícones diferenciados e engenhosos nesse movimento, pode-se dizer, hermenêutico da poesia à procura de seu sentido através de outra arte – a musical. A explicitação das metáforas musicais que amarraram para explicar ou recriar eventos poéticos, por conhecidas ou contemporâneas de Manuel Bandeira[8], amplia o entendimento sobre a proximidade de sua obra com a música; auxilia a compreender possíveis musicalidades em determinados poemas, principalmente naqueles que serão detalhados nos "três poemas visitados".

Mallarmé e a Música Falsificada

Em 1942, quando Mallarmé recebe uma das primeiras apreciações de fundo, no Brasil, Manuel Bandeira desperta para a maneira peculiar de pensar sua poesia. Levanta questões que descompõem o epíteto simplificador de "hermético" para o poeta. Logo nas primeiras páginas de *O Centenário de Stéphane Mallarmé*, originalmente proferido na Academia Brasileira de Letras, alerta: "aos que só conhecem Mallarmé pela sua fama de hermetismo..." E sem tardar, adentra na relevância da música:

8. Ivan Junqueira ("A Música da Poesia", 1980, pp. 149-152) sugere de passagem alguns pontos da discussão a seguir.

> A poesia mallarmeana é essencialmente musical, ele mesmo o declarou. Musical não no sentido puramente sonoro ou melodioso, mas no sentido definido por Boris Schoezer, ou seja, na imanência do conteúdo com a forma. Nesse sentido, [...] um texto pode ser musical apesar de duro aos ouvidos, e a esse ângulo a música nos parece como o limite da poesia. Mallarmé foi sobretudo sensível ao lado orquestral da música. A sua técnica de poeta é uma orquestração da linguagem, e o alexandrino foi principalmente para ele uma combinação de doze timbres. Toda vez que define a poesia, Mallarmé se reporta à música (M. Bandeira, 1954, p. 30).

Toca numa das questões repisadas pela crítica de Mallarmé: o espaço destacado da música na produção poética e ensaística. A musicalidade mallarmeana, costuma-se dizer, em poemas ou reflexões, é a designação para uma espécie de movimento intelectual das idéias. Que subsista musicalidade em termos convencionais, resultante do artesanato sonoro com as palavras, como há em Mallarmé, música nele passa a abranger a vibração "dos conteúdos intelectuais da poesia e suas tensões abstratas, que é perceptível mais pelo ouvido interior que pelo exterior" (H. Friedrich, 1978, p. 136). Música, além de ser o "limite da poesia", como afirma Bandeira, se coloca como divisa da própria linguagem em seu papel de comunicação, uma vez que significaria o afastamento das referências concretas ou dos significados palpáveis.

Maurice Blanchot ("O Mito de Mallarmé", 1997, p. 40), efetivamente, liga a música em Mallarmé à ausência da realidade material.

> O verso, substituindo as relações sintáticas por relações mais sutis, orienta a linguagem no sentido de um movimento, de uma trajetória ritmada, em que somente contam a passagem, a modulação, e não os pontos, as notas por onde se passa. É o que aproxima a poesia da música.

Se num poema privilegia-se esse movimento encantatório de palavras, "fora de qualquer realidade que a elas possa corresponder", a linguagem inclina-se a não significar, a negar a apreensão das imagens, daí a tentativa de ausência. Musicalidade, então, como linguagem movimentada em si, em direção ao silêncio semântico, ao nada, ao imaterial.

A leitura é propiciada, em certa conta, pelas reflexões de Mallarmé sobre linguagem poética. É o risco de fundir a produção do artista com o que ele mesmo idealizou para ela. Por desconfiar da analogia entre versejador e pensador, Bandeira (1954, p. 55) problematiza a concepção de poesia pura no poeta francês. Mallarmé teria planejado purificar a poesia de elementos estranhos ao sentido poético essencial, das paixões humanas, e mesmo da realidade material ordinária:

> [...] mas se o conceito de poesia pura exige a autonomia dela em relação às outras artes, não se pode falar de pureza em Mallarmé, porque a sua poesia está refeita de elementos plásticos, e nisso ela é ainda bem parnasiana, e musicais, no que consuma, com o seu caráter espiritual, o simbolismo.

Quanto à "orquestração da linguagem", o bardo traduz algumas meditações fundamentais de Mallarmé. Na realidade, recorta e cola, sem indicar esta ação, dois pequenos excertos de momentos diferentes do *Crise de Vers* (1895). A conduta livre diante do texto é estratégia de argumentação, e pode ser legitimada pela maneira contrapontística como Mallarmé conduz sua(s) linha(s) de pensamento. Com efeito, ele lança rapidamente uma idéia num parágrafo, sem explicá-la muito, depois a retoma aos poucos em meio a outros assuntos. Assim, Bandeira teria apenas isolado uma linha temática que perpassa o texto, como o professor de orquestração que da sinfonia separa o naipe de cordas.

> A poesia não é senão a expressão musical, superaguda, emocionante, de um estado de alma; as palavras se iluminam de reflexos recíprocos como um virtual rastilho de luzes sobre pedrarias... Esse caráter aproxima-se da espontaneidade da orquestra; buscar, diante de uma ruptura dos grandes ritmos literários e a sua dispersão em frêmitos articulados,

próximos da instrumentação, uma arte de rematar a transposição para o livro da sinfonia ou simplesmente retomar-lhe o que nos pertence: pois não é das sonoridades elementares dos metais, das cordas e das madeiras inegavelmente, mas da intelectual palavra em seu apogeu, que deve, com plenitude e evidência, resultar, como o conjunto das relações em tudo existente, a Música (M. Bandeira, 1954, p. 40).

Até as reticências, a tradução do pequeno parágrafo:

> L'oeuvre pure implique la disparition élocutoire du poëte, qui cède l'iniciative aux mots, par le heurt de leur inégalité mobilisés; ils s'allument de reflets réciproques comme une virtuelle traînée de feux sur des pierreries, remplaçant la respiration perceptible en l'ancien souffle lyrique ou la direction personnelle enthousiaste de la phrase (S. Mallarmé, 1945, p. 366).

A idéia da poesia enquanto movimento, orquestração que torna a realidade e, conseqüentemente, o próprio autor, ausente do poema, é aproveitada de relance. Em seguida, solda um trecho dois parágrafos adiante do que acabo de citar:

> Je me figure par un indéracinable sans doute préjugé d'écrivain, que rien ne demeurera sans être proféré; que nous en sommes là, précisément, à rechercher, devant une brisure des grands rythmes littéraires (il en a été question plus haut) et leur éparpillement en frissons articulés proches de l'instrumentation, un art d'achever la transposition, au Livre, de la symphonie ou uniment de reprendre notre bien: car, ce n'est pas de sonorités élémentaires par les cuivres, les cordes, les bois, indéniablement, mais de l'intellectuelle parole à son apogée que doit, avec plénitude et évidence, résulter, en tant que l'ensemble des rapports existant dans tout, la Musique (S. Mallarmé, 1945, pp. 367-368).

Como cada instrumento, com sua respectiva linha melódica e/ou harmônica numa peça sinfônica, as palavras deveriam cantar, brilhar, funcionar matematicamente sem sobejarem, sem que nenhuma delas fosse reles atavio na orquestração geral do poema. Mallarmé conduziu essa concepção às últimas conseqüências em *Un Coup des Dés* (1897). Desde o prefácio do poema, aliás, acreditava inventar uma linguagem poética sob influência da música de concerto. Pretendia se livrar da narrativa que remete sempre a determinado real; queria enfatizar os sons e as imagens em seu fluxo, em suas passagens: "Tudo se passa, por redução, em hipótese; evita-se a narrativa" (S. Mallarmé, 1945, p. 455).

Mas num contexto de tonalidade e *descritivismos*, haveria uma música que engendrasse o que Mallarmé julgava transplantar para a poesia? Para Igor Stravinsky, não. Comentando a *Terceira Sonata para Piano* de Boulez, o compositor russo diz que a paginação dessa partitura e suas interrupções fragmentárias assemelham-se à fictícia "partitura" de *Um Lance de Dados*. "Mallarmé pensava, certamente, que estava tomando idéias emprestadas da música, e ficaria surpreso, sem dúvida, ao saber que, sessenta anos depois, seu poema tinha fertilizado as duas artes" ("Da Arte de Compor e das Composições", 1984, p. 13). Se metáfora é o transporte de uma idéia ou palavra de um campo semântico a outro, ou de uma área do conhecimento a outra, Mallarmé traz para a poesia uma música que apenas sonhou existir. Sua metáfora musical, nesse caso, surge ainda mais complexa e sedutora do que habitualmente se propaga.

"Crise de vers" também ecoa, em grau menor, no *Itinerário de Pasárgada* quando Bandeira aborda as possibilidades musicais de seus poemas e, por outro lado, novamente, as razões de terem sido fartamente musicados. Reconhece a possibilidade de criar efeitos da orquestração, mas defende que poeta algum pôde, através desse recurso, estabelecer a "autêntica melodia". Desaprova Mallarmé:

> Nunca a palavra cantou por si, e só com a música pode ela cantar verdadeiramente. Foi, pois, descabida presunção de poeta a de Mallarmé, respondendo a Debussy, quando este lhe comunicou ter escrito música para "L'après-midi d'un faune": "*Je croyais y em avoir mis déjà*

> *assez*". Tinha posto muita, com efeito, mas só o bastante que um poeta pode por nos seus poemas: ritmo, literalmente, e figuradamente aqueles efeitos que correspondem de certo modo à orquestração na música – os timbres, por exemplo, e outros expedientes que o próprio Mallarmé definiu na prosa das *Divagations* (M. Bandeira, 1997, p. 80).

Veja-se que Bandeira se posiciona quanto às limitações musicais do verso e ao emprego metafórico da música para conceber eventos da poesia, por isso o advérbio *figuradamente*. Só o trabalho rítmico conseguiria uma musicalidade específica da poesia.

A orquestração da linguagem poética auxilia a entender aspectos da musicalidade da poesia bandeiriana, o que ainda não foi testado no corpo-a-corpo com os versos do poeta, embora exista instigação na crítica e no *Itinerário*:

> [...] cedo compreendi que o bom fraseado não é o fraseado redondo, mas aquele em que cada palavra tem uma função precisa, de caráter intelectivo ou puramente musical, e não serve senão à palavra cujos fonemas fazem vibrar cada parcela da frase por suas ressonâncias anteriores e posteriores (M. Bandeira, 1997, p. 49).

Comentário para, em princípio, reconhecer o influxo do desenho de Leonardo Da Vinci. Mas o que é esse "fraseado redondo" senão aquela economia da frase verbal, onde cada palavra desempenha papel exato – as palavras se iluminando reciprocamente como instrumentos de uma sinfonia?

Eliot: em Busca das Estruturas Musicais

T. S. Eliot soprou o título *De Poetas e Poesia* (1954) para um volume de ensaios bandeirianos. Poeta e ensaísta exerceram relevância nem tão óbvia em Manuel Bandeira, que se refere a ele pouquíssimas vezes, como ao explicar os fragmentos de Castro Alves, Olavo Bilac, Luís Delfino, Eugênio de Castro e

Oscar Wilde na "Balada das Três Mulheres do Sabonete Araxá": "fiz de brincadeira o que Eliot faz a sério, incorporando aos seus poemas (e convertendo-os imediatamente em substância eliotiana) versos de Dante, de Baudelaire, de Spencer, de Shakespeare etc." (M. Bandeira, 1997, p. 102). O rápido comentário sobre a montagem intertextual praticada em poemas como "The Waste Land" é, salvo engano, o mais longo sobre o poeta anglo-americano. Interessa, porém, o quanto Eliot enriquece a compreensão da música na poesia de Bandeira. Assim, vejamos sem demora uma observação deste que precisa, a tempo, ser cotejada ao ensaio "A Música da Poesia" daquele:

> Não há nada no mundo de que eu goste mais do que de música. Sinto que na música é que conseguiria exprimir-me completamente. Tomar um tema e trabalhá-lo em variações ou, como na forma sonata, tomar dois temas e opô-los, fazê-los lutarem, embolarem, ferirem-se e estraçalharem-se e dar a vitória a um ou, ao contrário, apaziguá-los num entendimento de todo repouso... creio que não pode haver maior delícia em matéria de arte. Dir-me-ão que é possível realizar alguma coisa de semelhante na arte da palavra. Concordo, mas que dificuldade e só para obter um efeito que afinal não passa de arremedo (M. Bandeira, 1997, p. 49).

Uma atração indubitável pela composição musical. Um reconhecimento da possível importação, para dentro da linguagem poética, de recursos essenciais da música, no caso, a de concerto. Diante da alternativa de se construir contornos musicais num poema, Bandeira se revela frustrado, pois o resultado de tal artifício, para ele, será sempre "arremedo de música", algo demasiado distante da "música propriamente dita". Por fim, e mais importante, a assunção de que à poesia possa ganhar a organização da "forma sonata", por exemplo. É nesse ponto que a ponte ao texto de Eliot se perfaz melhor.

Eliot insta que o adjetivo musical, quando utilizado para qualificar a poesia, não se refere somente ao som puro, divorciado do sentido. "Um poema musical é um poema que tem um modelo musical de som e um modelo musical de significados secundários das palavras que o compõem" (T. S. Eliot, 1991, p. 47). Esses dois modelos seriam indissociáveis e únicos, de modo que o som de um poema, por sua vez, seria "tanto uma abstração do poema quanto do sentido". Um poema cujo sentido fosse estapafúrdio e sem nenhum significado não passaria de imitação acochambrada da música instrumental. A musicalidade da poesia, para ele, revela-se inevitavelmente metafórica mormente no tocante à camada semântica, uma vez que chama de musical também a lógica que organiza o sentido do poema. Sem perder do horizonte esse pressuposto, passa a discutir a música da poesia em dois níveis: primeiro na versificação, depois na estruturação do poema.

No âmbito do verso, argumenta que a música poética deva ser a música latente da fala comum, correspondente à época de cada poeta. É a partir da percepção das sonoridades dessa fala, que o artista constrói sua melodia e sua harmonia. Mas a língua coloquial, manancial para a linguagem poética, não pode ser reproduzida exatamente como se dá.

> Nenhuma poesia, é claro, constitui sempre a mesma linguagem que o poeta fala e ouve, mas ela precisa estar de tal modo relacionada à linguagem de sua época que o ouvinte ou leitor possa dizer "assim é que eu falaria se pudesse falar em versos" (T. S. Eliot, 1991, p. 45).

A música que supõe para o verso resulta dessa capacidade do poeta estabilizar os ritmos, as entonações, as melodias, os acentos, que na fala corrente são efêmeros, isto é, se perdem logo que a comunicação se concretiza. Lembremos de Schafer.

A par das dificuldades para alcançar a música da poesia verso a verso, expande a discussão para a estrutura do poema. Fala de música enquanto totalidade formal. No coração da abordagem sobre o que seja música numa estruturação poética, está a diferenciação entre forma metrificada, ou, "modelo formal", e o verso livre. Assinala que antes da ascensão da poesia modernista, predominavam os versos metrificados nas estruturas musicais do soneto, da ode tradicional, da balada, da *villanelle*, do rondó ou da sextina. No verso livre, o poema surge antes da forma, que se organizará da tentativa de se dizer algo. A idéia de que a estrutura de um poema em versos livres é criada no momento mesmo do seu fomento interior, intelectual; ao passo que no "modelo formal", preexiste à atitude poética pelo menos um molde.

No impasse em que procura renovar ou evitar os modelos antigos e, evidente, criar outros novos, instiga os poetas a construir, através das palavras, estruturas poéticas inspiradas nas estruturas musicais. Embora não deixe claro, Eliot acaba refazendo o caminho de quase todas as formas tradicionais que menciona. A balada, por exemplo, saiu um dia da música e se estabilizou na poesia como forma mais ou menos fixa. O rondó foi música com letra antes de se tornar fôrma regrada na poética.

> Julgo que seria possível para um poeta trabalhar intimamente com analogias musicais: o resultado poderia ser um produto artificial, mas sei que um poema, ou uma passagem de um poema, pode tender a definir-se inicialmente como um ritmo particular antes de alcançar sua expressão verbal, e que esse ritmo pode levar ao nascimento da idéia e da imagem; e não creio que essa seja uma experiência restrita a mim mesmo. O uso de temas recorrentes é natural tanto na poesia quanto na música. Há no verso possibilidades que comportam certa analogia com o desenvolvimento de um tema por diferentes grupos instrumentais; há num poema possibilidades de transições comparáveis aos distintos movimentos de uma sinfonia ou de um quarteto; há possibilidades de arranjo contrapontístico com relação ao tema. É numa sala de concerto, mais do que numa casa de ópera, que a matriz de um poema pode ganhar vida (T. S. Eliot, 1991, p. 55).

Concebe-se a estruturação do poema através de analogias musicais. A organização do material lingüístico à maneira de uma peça de concerto, é a questão aqui, e é, no fundo, o que Franklin de Oliveira relutava em não ver em Manuel Bandeira. Despreza-se a ópera, cujo registro entonacional, demasiado distante da oralidade, não deve ser aproveitado pelo poeta; atenta-se para a música de concerto, cuja noção rítmica e estrutural pode ser transplantada à arte da palavra. Estudando os movimentos de uma sinfonia de Beethoven, por exemplo, o poeta obtém maneiras de formalizar um poema. Eliot também sabe que com palavras só se consegue imitar a música. Em "Four quartets", ele próprio procurou recriar a forma sonata na disposição de cinco movimentos de cada "quarteto".

Porém, se a música do século XX apresenta outras inúmeras formalizações, distantes das consagradas na sonata, na sinfonia, no quarteto de cordas etc., e que mesmo estas formas são menos fixas do que supõe, Eliot delata seu descompasso quer com as inovações formais de um Stravinsky ou de um Schoenberg, quer com a idéia de estrutura musical em si. Para o compositor americano Aaron Copland, um exame cuidadoso de algumas obras-primas da música denunciaria que elas poucas vezes se ajustam estritamente aos padrões dos manuais, os mesmos que Eliot e Bandeira tendem a assumir.

> O problema da estrutura musical não se limita à escolha de um molde formal que depois será preenchido a golpes de inspiração. Corretamente entendida, a forma não pode ser senão o crescimento gradual de um organismo vivo, a partir de uma premissa qualquer adotada pelo compositor. Segue-se disso que "a forma de toda verdadeira peça de música é única" ("A Estrutura Musical", 1974, p. 84).

Por esse lado, um compositor agiria de maneira muito semelhante a um poeta de versos livres.

Ao propor que a forma da poesia possa se desenvolver em "temas recorrentes" como na música, Eliot, inevitavelmente, abre a hipótese de analogias com peças musicais contemporâneas; uma vez que a idéia de "temas recorrentes" corresponde, na verdade, ao princípio de repetição fundamental em qualquer estrutura musical. "Parece mais justificável usar a repetição na música do que em qualquer outra arte, talvez devido ao caráter algo amorfo do material musical" (A. Copland, 1974, p. 87). Num poema em versos livres, em que, pela falta do molde prévio, corre-se o risco de cair na prosa ou simplesmente na fala ordinária, a forma pode ser definida a partir de um movimento de constantes ou de repetições, como na música. Seriam constantes lingüísticas, imagéticas ou de idéias e perpassariam o poema, gerando toda uma musicalidade contrapontística, inclusive, tendo em vista esses três níveis de repetições.

A "gramática da poesia" e "o paralelismo" na compreensão de Roman Jakobson, que desenvolve a "figura de gramática" de Hopkins, não está longe daqui. Para ele, poemas longos ou curtos desenham perfis gramaticais de relevância estética.

> Existe um sistema de correspondências contínuas em vários níveis: na composição e na ordenação das construções sintáticas, nas das formas e categorias gramaticais, nas dos sinônimos lexicais e identidades completas de léxico e, finalmente, nas das combinações de sons e esquemas prosódicos. Tal sistema confere aos versos, que são ligados por paralelismos, ao mesmo tempo uma homogeneidade nítida e uma grande diversidade ("O Paralelismo", 1985, pp. 102-103).

A percepção formalista destes contornos encontra a estrutura musical de Eliot. Se a estrutura musical do poema não for em excesso fragmentária, guardará relações lógicas e gramaticais em si, de modo que sejam os paralelismos (lingüísticos ou sonoros) variações temáticas. A gramática da poesia, assim, seria a peça musical que estrutura a poesia (sonata, quarteto, rondó etc.), os paralelismos, suas variações.

Em parte, a opinião de Bandeira corrobora a de Eliot. Ambos destacam até o grau de artificialidade, fruto da utilização da música, ou seja, é evidente que a criação de uma forma poética espelhada numa forma musical resultará sempre em poesia. Mas, enquanto um lamenta o fato de a palavra só poder cantar verdadeiramente quando musicada, outro constata com euforia a fecundidade proporcionada pelas analogias musicais.

Bandeira não deixou pistas sobre o conhecimento da reflexão eliotiana. Procurou, porém, emular a música em "Debussy", como já vimos. Em 1912, levado pela leitura de *La Sonate*, de Blanche Selva, teria até escrito um poema, depois destruído, reproduzindo a forma sonata (M. Bandeira, 1997, p. 50). Mais uma janela para se tomar a estrutura de alguns de seus poemas como organização musical. Em "Tema e Variações" (M. Bandeira, 1998, p. 214) de *Opus 10* (1952), por exemplo, é notável, por um lado, o desenvolvimento do assunto *sonho*, por outro, a variação entre a primeira pessoa do pretérito, o particípio e o gerúndio do verbo sonhar (o tema). O poema quase que vale por esta procura musical.

Tanta estima confessa pela forma sonata, que nestes versos, a concordarmos com Solange Ribeiro ("A Melopoética Estrutural: Tema e Variação no Texto Literário", 2002, p. 119), acabou esbarrando nela: Bandeira tinha "certamente em vista o sentido técnico dos termos tema e variação. Para a teoria musical tema é a idéia musical que serve de ponto de partida para uma composição, especialmente a sonata". Aparentemente banal, redondilhas menores rimadas, esquema de estrofes não de todo estranho que remete a formas fixas consagradas em madrigais e canções, o poema cresce justamente nessa relação com a música.

Poesia Harmônica É com Mário de Andrade

A tensão entre poesia e música em Mário de Andrade tem no horizonte a tentativa de formular o verso livre em oposição ao metrificado; desponta fortemente no "Prefácio Interessantíssimo" de *Paulicéia Desvairada* (1921), para reaparecer distendida em *A Escrava que não É Isaura* (1924). Manuel Bandeira, em cartas ao amigo, preenche laudas discutindo os dois textos, mas praticamente despercebido do real peso da música aí. Mesmo no *Itinerário*, ao percorrer páginas ponderando sobre os limites musicais da poesia, não se reporta ao "verso harmônico". O que não impede que a musicalidade poética proposta por Mário deixe de acrescentar o debate. No "Prefácio", a música advém num trecho exato, momento de ensaiar a teoria do "verso harmônico" e da "polifonia":

> A poética está muito mais atrasada que a
> música. Esta abandonou, talvez mesmo antes
> do século 8, o regime da melodia quando muito
> oitavada, para enriquecer-se com os infinitos
> recursos da harmonia. A poética, com rara
> exceção até meados do século 19 francês, foi
> essencialmente melódica. Chamo de verso
> melódico o mesmo que melodia musical:
> arabesco horizontal de vozes (sons) consecutivas,
> contendo pensamento inteligível.
> Ora, si em vez de unicamente usar versos
> melódicos horizontais:
> "Mnezarete, a divina, a pálida Frinéia
> Comparece ante a austera e rígida assembléia
> Do Areópago supremo..."
> fizermos que se sigam palavras sem ligação
> imediata entre si: estas palavras, pelo fato
> mesmo de se não seguirem intelectual,
> gramaticalmente, se sobrepõem umas às outras,
> para a nossa sensação, formando, não mais
> melodias, mas harmonias.
> Explico melhor:
> Harmonia: combinação de sons simultâneos.
>
> (M. de Andrade, 1983, p. 27)

Como em *Crise de Vers*, a própria condução contrapontística da discussão remete à arte musical[9]. Em meio ao estilo fragmentário comum ao gênero manifesto, em que discorre sobre poética e estética, passeia por nomes de variadas áreas da arte e do conhecimento, Mário de Andrade, de repente, concentra-

9. Antonio Manuel ("A Música na Primeira Poética de Mário de Andrade", em C. Daghlian, 1985) explicita o encaminhamento musical que se depreende da própria estruturação textual de *Mestres do Passado*, *Prefácio Interessantíssimo* e *A Escrava que não É Isaura*.

se em dois pontos. É, de fato, um instante de relevo, tanto que a estratégia de parágrafos ligeiros cede espaço à confecção de um grande, o qual transcrevo entrecortado por comentários. O modo de apresentar a matéria continua sintético, às vezes didático, mas o grau de inventividade na acomodação dos termos musicais à poesia é evidente. Nisso, temos que colocar na mesa a atividade de Mário como pianista, professor de música e musicólogo.

Nesse primeiro excerto, diferencia o que seja melodia e harmonia num poema. A melodia poética aparece na acepção comum aos escritos sobre poesia, isto é, como em música fraseado melódico é sucessão horizontal de sons (notas), na frase poética essa sucessão seria de palavras. Para um tratadista, só faltaria determinar: deve a melodia das palavras soar agradável aos ouvidos. A surpresa revela-se na concepção de harmonia poética, conceito que em geral designa a disposição equilibrada entre as partes que compõem o verso ou o poema no todo. O termo musicalidade não raro descreve o mesmo evento. Amorim de Carvalho (1987, vol. I, p. 282), por exemplo, define que "harmonia é, ao longo do verso ou de vários versos, a combinação agradável de sons, de acordo com a melodia e o ritmo, produzindo um certo efeito agradável de conjunto". Mário de Andrade, por seu propósito, volta-se ao entendimento específico, mais musical do vocábulo. Não lhe interessa o sentido genérico comumente assumido, deseja "combinação de sons simultâneos"; no lugar da unidade musical mínima de som, isto é, nota, convoca a palavra, que não deixa de ser unidade acústica, mas que é, fundamentalmente, entidade prenhe de sentidos.

> Exemplo:
> "Arroubos... Lutas... Setas... Cantigas...
> Povoar!..."
> Estas palavras não se ligam. Não formam
> enumeração. Cada uma é frase, período elíptico,

> reduzido ao mínimo telegráfico.
> Si pronuncio "Arroubos", como não faz parte de frase (melódica), a palavra chama a atenção para seu insulamento e fica vibrando, *à espera duma frase que lhe faça adquirir significado e QUE NÃO VEM*. "Lutas" não dá conclusão alguma a "Arroubos"; e, nas mesmas condições, não fazendo esquecer a primeira palavra, fica vibrando com ela. As outras vozes fazem o mesmo. Assim: em vez de melodia (frase gramatical) temos acorde arpejado, harmonia, – verso harmônico.

Surge a idéia de "acorde arpejado". Em música, acorde é uma resultante de várias notas, que guardam relações harmônicas entre si, emitidas simultaneamente. Arpejo, é nada mais que a emissão de uma nota de cada vez, no acorde, em lugar de todas juntas. Mário conhece as restrições harmônicas da linguagem poética, sabe que apenas na música há possibilidades reais de simultaneidade, deixando desnudo, igualmente, o processo metafórico. Quando lemos um "verso harmônico", como "Arroubos... Lutas... Setas... Cantigas...", só podemos arpejá-lo, ou seja, lemos uma palavra por vez, a não ser que dispuséssemos de quatro vozes, um coro interno, para lê-las conjuntamente.

No acorde poético, informa J. M. Wisnik (1977, p. 118), cada palavra carregaria "consigo a cauda espectral de ressonâncias significativas, produzindo-se, com sua aproximação no poema, efeitos de harmonia: atrações, polarizações, atritos". Ocorre, inclusive, a alternativa de acordes consonantes, ou seja, ramalhetes de palavras cujos significados tenham proximidade (exemplo: cachorro, cavar, osso e branco); e de dissonantes, ou seja, cachos de vocábulos cujos campos semânticos são estranhos entre si (exemplo: cachorro, decolar, chave inglesa e melancólico).

> Mas, si em vez de usar só palavras soltas, uso frases soltas: mesma sensação de superposição,

não já de palavras (notas) mas de frases
(melodias). Portanto: polifonia poética.
Assim, em "Paulicéia desvairada" usam-se o
verso melódico:
"São Paulo é um palco de bailados russos"; o
verso harmônico:
"A cainçalha... A Bolsa... As jogatinas...";
e a polifonia poética (um e às vezes dois e
mesmo mais versos consecutivos):
"A engrenagem trepida... A bruma neva..."
Que tal? Não se esqueça porém que outro virá
destruir tudo isto que construí.

Procura, agora, expandir para a frase, o que arquiteta para a palavra. Embora somente alguns anos depois, na *Escrava* (1960, p. 267), explicasse com clareza sua "polifonia poética"; inclusive, afirmando-a como sinônimo de simultaneidade: "Simultaneidade é a coexistência de coisas e fatos num momento dado. Polifonia é a união artística simultânea de duas ou mais melodias cujos efeitos passageiros de embates de sons concorrem para um efeito total final". Lendo a definição sem esquecer que melodia quer dizer frase verbal, tenho a "polifonia poética" de Mário de Andrade que, em realidade, assalta a arte musical a fim de precisar procedimentos *rítmico-semântico-sintáticos* explorados à exaustão por quase todas as vanguardas do século XX[10].

O "Prefácio" (M. de Andarde, 1983, p. 29) já exibia consciência sobre as limitações do "verso harmônico":

Harmonia oral não
se realiza, como a musical, nos sentidos, porque
palavras não se fundem como os sons, antes

10. Para L. I. Mucci (2003, p. 110), "com a harmonia e a polifonia transpõem-se, por seu turno, para a teoria musical, os princípios da colagem e da montagem, preconizados pelas vanguardas, sobretudo pelo cubismo, e que traduzidos, no código literário, pela elisão, pela parataxe e pelas rupturas sintáticas".

> baralham-se, tornam-se incompreensíveis. A
> realização da harmonia poética efetua-se na
> inteligência. A compreensão das artes do tempo
> nunca é imediata, mas mediata. Na arte do
> tempo coordenamos atos de memória
> consecutivos, que assimilamos num todo final[11].

Na *Escrava* (1960, p. 269), tal percepção se volta também à polifonia:

> [...] a não ser música e mímica, nenhuma outra arte realiza *realmente* a simultaneidade. Esta palavra (como polifonia) está empregada em sentido translato. [...] O que há é um transporte de efeito. À audição ou à leitura de um poema simultâneo o efeito de simultaneidade não se realiza em cada sensação insulada mas na SENSAÇÃO COMPLEXA TOTAL FINAL.

Exemplo vivo de uma noção musical sendo importada para a poesia. Jogo metafórico em ação. O auto-reconhecimento do gesto hermenêutico. Para Wisnik (1977, p. 116), Mário sabe

> [...] que o conceito de harmonia, quando aplicado aos problemas poéticos, sofre um deslizamento metafórico, já que a harmonia poética não seria rigorosamente a harmonia musical: se na música a simultaneidade é uma ocorrência física, na poesia só pode se dar através da recomposição mental de uma seqüência.

11. Por volta de 1928, quando Ezra Pound (1995, pp. 37-38) subdividirá a poesia em "três espécies" (*melopéia*, *fanopéia* e *logopéia*), a definição para *logopéia*, embora sem metáfora musical, também atribui papel fundamental à inteligência, ao intelecto, na apreensão da poesia. "Logopéia: 'a dança do intelecto entre as palavras', isto é, o emprego das palavras não apenas por seu significado direto mas levado em conta, de maneira especial, os hábitos de uso, do contexto que *esperamos* encontrar com a palavra, seus concomitantes habituais, suas aceitações conhecidas e os jogos de ironia. Encerra o conteúdo estético, domínio peculiar da manifestação verbal, e não tem possibilidade de conter-se nas artes plásticas ou na música".

Esse entendimento de Mário, como em Eliot, apresenta o comentário da própria formulação, o que não se detecta em Mallarmé.

Mário de Andrade, portanto, provoca mais uma alternativa para pensar a poesia bandeiriana aproximada à música. Há relevância na abordagem em si dessas três concepções poéticas perpassadas por noções musicais. Mas há, principalmente, o desejo de dirigi-las, de agora em diante, para três poemas de Manuel Bandeira. Elas enriquecem o instrumental crítico-analítico. Como não sentir, por exemplo, um quê de "verso harmônico" ou "polifonia" em trechos como este de "Evocação de Recife"?

> [...]
> A vida com uma porção de coisas que eu não entendia bem
> Terras que não sabia onde ficavam
> Recife...
> Rua da União...
> A casa do meu avô...
> Nunca pensei que ela acabasse!
> [...]
>
> (M. Bandeira, 1998, p. 135)

Depois de dois versos melódicos, o acorde formado pelos três versos terminados em reticências gera a sensação de simultaneidade almejada por Mário de Andrade. Há um movimento do geral (Recife) para o particular (casa do avô). Ou, o arpejo vai da nota dominante (Recife) até uma nota agudíssima (avô). Por outro lado, para pensar em termos de polifonia, temos aí três melodias que se disputam.

Se Manuel Bandeira pouco ou nada discute o "verso harmônico" no *Itinerário*, o mesmo não se dá quando da publicação de "O Mês Modernistas", espaço que o jornal *A Noite* franqueou para que seis escritores da nova corrente (Carlos Drummond de Andrade, Sérgio Milliet, Manuel Bandeira, Martins de Almeida, Mário de Andrade e Prudente de Morais Neto) divulgassem seus trabalhos e idéias entre dezembro de 1925 e janeiro de 1926. Ao comentar uma seqüência de palavras mais ou menos soltas na página, empregada na tradução que realizou para o moderno de um soneto de Bocage ("Se é doce no recente ameno estio"), Bandeira conta: "o acorde *Amores / Cantos / Risadas* é reminiscência evidente de um poema de Mário" (H. Senna, 1994, p. 49).

Três Poemas Visitados

2

E um Balão Vai Subindo...[1]

Na Rua do Sabão

Cai cai balão
Cai cai balão
Na Rua do Sabão!

O que custou arranjar aquele balãozinho de papel!
05 Quem fez foi o filho da lavadeira.
Um que trabalha na composição do jornal e tosse muito.
Comprou papel de seda, cortou-o com amor, compôs os gomos oblongos...
Depois ajustou o morrão de pez ao bocal de arame.

Ei-lo agora que sobe – pequena coisa tocante na escuridão do céu.

10 Levou tempo para criar fôlego.
Bambeava, tremia todo e mudava de cor.
A molecada da Rua do Sabão
Gritava com maldade:
Cai cai balão!

15 Subitamente, porém, entesou, enfunou-se e arrancou das mãos que o tenteavam.

1. Da canção *Sonho de Papel* de Alberto Ribeiro, cuja estrofe inicial muita gente ainda canta de cor: "E um balão vai subindo / Vem caindo a garoa / O céu é tão lindo / A noite é tão boa / São João! São João! / Acende a fogueira / do meu coração".

E foi subindo...
para longe...
serenamente...
Como se o enchesse o soprinho tísico do José.

20 Cai cai balão!
A molecada salteou-o com atiradeiras
assobios
apupos
pedradas.
25 Cai cai balão!

Um senhor advertiu que os balões são proibidos pelas posturas
municipais.

Ele, foi subindo...
muito serenamente...
para muito longe...
30 Não caiu na Rua do Sabão.
Caiu muito longe... Caiu no mar — nas águas puras do mar alto.

(M. Bandeira, 1998, p. 119)

O Ritmo Dissoluto

"Na Rua do Sabão" é das peças que dão o tom do Manuel Bandeira de *O Ritmo Dissoluto*, saído em 1924 com escritos de épocas diversas. Os mais antigos datam de 1913, como o "Carinho Triste", supostamente dos primeiros poemas nacionais em verso livre. Terceiro de uma longa carreira literária, o livro está entre os atores principais na trama geral da obra. No juízo do poeta, representaria, mesmo, uma espécie de transição

[...] para a afinação poética dentro da qual cheguei, tanto no verso livre quanto nos versos metrificados e rimados, isso do ponto de vista da forma, e na expressão das minhas idéias e dos meus sentimentos, e do ponto de vista do fundo, à completa liberdade de movimento (M. Bandeira, 1997, p. 75).

Essa manobra dentro de sua poesia – que desde a estréia reservava novidades ao cenário brasileiro, mesmo dentro da matriz predominantemente parnaso-simbolista – assinala a entrada cauta na chuva modernista, que dominará a publicação seguinte, *Libertinagem* (1930). O posto crucial concedido pelo autor ao livro é ratificado, nem sempre com reflexão, por toda a crítica. Sustenta-se um uníssono acerca d'*O Ritmo Dissoluto* marcar a aquisição de inovações decisivas. Além da adesão segura e definitiva ao verso livre, aos temas cotidianos – verdadeiras coqueluches do momento – Bandeira ressurge ainda mais à vontade para acionar métricas e moldes tradicionais.

Como em todos os volumes do poeta, trata-se de uma coletânea. A unidade, portanto, foi apenas forjada depois de quase tudo escrito, e de muitos versos já terem ganhado o público através da imprensa. Não houve uma idéia ou tema prévio a partir do qual se foram compondo os poemas, encadeando-os como episódios de uma narrativa. Uma das características que reforçam as cores modernistas do livro é exatamente essa "unidade" formal e temática algo fragmentária.

No plano de fundo, ou dos sentimentos e sensações expressos, Ribeiro Couto (1986, p. 198 ou 2004, p. 20), figura importante na vida e na obra de Bandeira, comenta: "todo *O Ritmo Dissoluto* revela essa hesitação entre alegria da matéria cotidiana então descoberta, e a grave obsessão antiga, do velho tormento interior". Tal oscilação, no entanto, pode ser percebida desde *Carnaval* (1919), em poemas como "Sonho de uma Terça-feira Gorda". Já para Alcides Villaça (1987, p. 31), *O Ritmo Dissoluto* inauguraria um novo movimento, desdobrado somente nos volumes posteriores. Tanto ele, quanto os subseqüentes, "aplicam-se no cultivo de uma resignação que o poeta destitui de qualquer sentido derrotista, já que lhe serve ela como método de aplicação no viver e como forma de penetrar a realidade". A experiência assumida com o sofrimento ganha um sinal positivo; o fatalismo, doravante, será contestado "com a experiência do poético, objetivada em palavras", ao invés de ser apenas lamentado.

O entrechoque do poeta em face da morte eminente é ponto exaustivamente observado. Desenganado ainda moço por causa da tuberculose, Bandeira apreciava desenvolver o tema *morte*. A partir deste livro essa obsessão, antes aflorada em indignação às vezes ingênua, metamorfoseia-se em resignação poderosa do ponto de vista da poética. A ameaça constante de perder a vida – some-se a isso a perda ainda na juventude dos pais e dos irmãos – emerge vez por outra nos poemas. É como se o poeta, voraz perseguidor de amplos temas humanos, tivesse sempre à mão um fato pessoal breve, uma pequena dor de morte, não raro infiltrados no âmago de sua poesia. Como se a melhor maneira de se distanciar da fatalidade fosse transformá-la em poemas como "Na Rua do Sabão".

O ambiente literário brasileiro efervesce. Artistas e intelectuais debatem os rumos do movimento modernista, a relevância de certas obras, empreendem toda uma revisão da história e da cultura. Mário de Andrade já associa à renovação artística a pesquisa da cultura popular; *Clã do Jabuti*, de 1927, coroa essa atitude. Oswald de Andrade, na *Poesia Pau-Brasil* (1924), mistura carnaval, futurismo, surpresa e valorização do que lhe soasse genuinamente brasileiro. Proliferam correntes nacionalistas, como o *Verde-amarelismo* (1926) de Cassiano Ricardo, Menotti del Picchia e companhia. Nesse contexto pós-Semana, em que modernistas, embora divididos em grupos, ligam-se pelo nacionalismo, *O Ritmo Dissoluto* põe em curso, sem filiação rígida a nenhum programa de vanguarda, traços do que se almejava para a arte moderna do país. Espécie de painel livre das orientações estéticas do período, nele se alastra o verso livre, a linguagem das ruas, temas grotescos ou caricatos ao lado de sublimes, a nota folclórica em poemas como "Berimbau" e "Na Rua do Sabão".

A nova crítica de jornais e revistas busca alimentar "o terreno novo da criação literária" (D. Arrigucci Jr., 1990, p. 61).

Em certa medida, consolida o que Machado de Assis (1997, pp. 11-28), em 1865, com "O Ideal do Crítico", e em 1873, com "Instinto de Nacionalidade", clamava para a crítica do Brasil: descortinar as excelências e os defeitos da literatura nacional. O então intelectual emergente defendia a necessidade da crítica fundamentada, minuciosa, coerente, independente da vaidade dos autores e do próprio crítico, para analisar, corrigir e animar a invenção. Sonhava ver substituída a crítica simplesmente laudatória ou destruidora, comuns em seu tempo, por outra indicadora das falhas a serem resolvidas através do debate a todo instante. Manuel Bandeira, nesse quadro, nutre a ampla discussão literária com obras e com o exercício de crítico de arte respeitado que cada vez mais passa a desempenhar.

Dados da Vida como Fatos Poéticos

"Na Rua do Sabão" surpreende por dois aspectos iniciais: a espacialização aparentemente aleatória; a temática cotidiana representada pelo microenredo do filho da lavadeira em sua comovente epopéia para fabricar o balão. Este último é assinalado por Luísa Barreto Leite (1980, p. 302) num depoimento datado de 1968, ano de morte do poeta.

> Até hoje lembro o frio que me corria pela espinha com a bela interpretação de Ruth de Sousa, na figura do filho da lavadeira que "trabalha na composição do jornal e foi tuberculoso". Ele fazia balão como ninguém e quando o balão mais belo daquela noite de São João foi subindo, subindo, céu adentro, e com ele o soprinho frágil do menino tuberculoso, toda a gente no teatro, fosse adulto fosse criança, teve o coração apertado. Sentimentalismo exagerado? E que importa?

Apenas impressão de leitura, pautada na utilização do poema que baseou a peça infantil *O Balão que Caiu no Mar* (1949), de Odylo Costa. Não se sabe quais recursos cênicos foram utilizados, que cenários, quantas pessoas se encontravam no palco, se versos foram acrescidos ou subtraídos... A descrição, de todo modo, interessa porque o texto proporcionou a interpretação teatral. O poema, curto, num minuto é lido. Recitado sem muita afetação nem demasiada apatia, a alteração que produz compara-se à escuta de uma canção ou de um *lied*. "Uma canção tem cheiro e pode transportar / Uma fração de um tempo qualquer / Que a gente viveu num outro lugar", precisa Ronaldo Bastos, com melodia de Lô Borges ("Uma Canção", 1981). De tão acumulada de informação poética, musical e afetiva, uma canção possui a capacidade de instalar um lugar de exceção intemporal na sensibilidade. Assim o poema, à sua maneira, permite ativar algum sentimento de dor ou de prazer intensificados num estreito de tempo: compaixão pelo menino tísico com pitadas de nostalgia da infância.

O leitor (ou ouvinte) de posse da biografia de Manuel Bandeira e conhecedor, portanto, dos problemas de saúde que enfrentou, consegue sem dificuldade entrelaçar a pessoa do poeta ao filho da lavadeira. Como se o autor disponibilizasse seu material biográfico, transfigurando-o, no trabalho poético. Mário de Andrade (1987, p. 74) pretendeu, deliberadamente, sobrepor os planos da poesia e da vida do autor:

> No poema "Na Rua do Sabão" que é das mais belas páginas da lírica nacional ele dá ao menino pobre o que de mais importante ganhou da Terra, a tísica. E a gente se põe a amar não o José da poesia mas o Manuel poeta que com impiedade inconsciente de amoroso condenou a criança.

Mário (1976) teve outras chances para patentear apreço pelo poema. Anos mais tarde, em 1932, motivado talvez por "Na Rua do Sabão", escreveria o conto "Cai, Cai, Balão!", prosa singela em que o personagem principal, homem feito, disputa alucinadamente um balão com um bando de moleques. No pano de fundo, o balão condensa toda a tensão entre a idade adulta e a condição de criança. Antes dessa data, já reforçara o gosto pelo poema em cartas a Manuel Bandeira. Numa delas, bastante expressiva, chega a referir a página crítica citada acima:

> Agora quando te vejo disfarçadamente dar a tua tísica ao José "Da Rua do Sabão" coitadinho! me comovo sublimemente, artisticamente e vitalmente, vejo toda a tua tragédia sinceramente expressa ali, tragédia de que falei friamente na minha crítica mas que respeito e que amo e vivo na nossa amizade (M. Bandeira; M. de Andrade, 2001, p. 170, 29 dez. 1924).

A comoção descrita pelo autor de *Macunaíma* conduz a de Luisa Leite na direção do arrebatamento. Mas quantos espectadores daquele teatro conheciam, mesmo de passagem, os sofrimentos suportados pelo poeta com a doença? Ou, quantas pessoas, hoje, sabem disso? "Na Rua do Sabão" pode emocionar a quem ignore o infortúnio de Bandeira moço? Talvez não uma comoção à beira da catarse, como a relatada por Leite, mas certamente um despertar para a dramatização peculiar da mensagem.

Roland Barthes (1988) acreditava que

> [...] o escritor moderno nasce ao mesmo tempo que seu texto; não é, de forma alguma, dotado de um ser que precedesse ou excedesse a sua escritura, não é em nada o sujeito de que o seu livro fosse o predicado; outro tempo não há senão o da enunciação, e todo texto é escrito eternamente *aqui* e *agora*.

A posição, expressa no estimulante "A Morte do Autor", contrapõe o "escritor moderno" ao "Autor" nos moldes românticos, por assim dizer. Este último tipo corresponderia à idéia convencional de autoria, aquela que não desprega a pessoa da obra, ou seja, um tipo de autor que alimenta o livro, "existe antes dele, pensa, sofre, vive por ele", estando "para a sua obra na mesma relação de antecedência que um pai para com o filho". Deslocando o foco daquele que produz a linguagem para a própria linguagem, Barthes tende a rejeitar, ainda, o texto como unidade única a ser decifrada pelo crítico ou leitor. Para ele, o texto é antes "espaço de dimensões múltiplas, onde se casam e se contestam escrituras variadas, das quais nenhuma é original: o texto é um tecido de citações, saídas dos mil locos de cultura".

"Na Rua do Sabão", assim, se colocaria à revelia de qualquer estudo de cunho biográfico, como o porto de saída de onde se desprenderia toda uma rede interpretativa descolada da biografia do autor. Ao leitor caberia a tarefa de reunir "todos os traços de que é constituído o escrito"; a unidade do texto não estaria, por conseguinte, em sua origem (autor), mas em seu destino (leitor). Barthes quer, por certo e com razão, alfinetar os críticos que, esquecidos do texto literário, preferem a psicologia do autor ou o envolvimento político-social da obra[2]. Só não previu que a metodologia de cada crítico comprometido apenas com o texto engendra, inevitavelmente, o carimbo de seu próprio anseio, sua autoria de estudioso. Escapa-se da biografia do escritor, legitima-se a personalidade do leitor com poder de ação, ou seja, o crítico. Cerrar os olhos para os possíveis vestígios da vida do escritor na obra pode, muitas vezes, impedir o trânsito de interpretações frutíferas, como a de Mário de Andrade referida há pouco. "Na Rua do Sabão", de fato, oferece condições para os críticos borrifarem, na análise textual, informações pontuais do homem Manuel Bandeira, tornado personagem às margens do poema. Ao resenhar a peça infantil *O Balão que Caiu no Mar*, Rachel de Queiroz (1949) frisa a maneira como o jornalista Odylo Costa acabou trazendo para o tablado o próprio poeta, que, desse modo, foi incorporado "não como autor mas como pessoa à literatura".

2. Exagerados há que sempre deduzem das obras episódios da vida dos autores. Giovanni Pontiero (1986, p. 94), por exemplo, crítico e tradutor escocês, que tanto divulgou em língua inglesa a literatura brasileira, viu o filho da lavadeira de "Na Rua do Sabão" fazendo um balão para o próprio Manuel Bandeira menino.

O Balão na Poesia e na Canção. A *Colagem Nacionalista*

Os versos livres do poema apresentam grande variação na quantidade de sílabas. A diversidade não se mostrará fortuita. Na abertura, há o aproveitamento do refrão da cantiga de roda infantil: "Cai cai balão / Cai cai balão / Na Rua do Sabão!" Está sugerido o ambiente alegre da festa junina, naquele momento, a mais importante festividade popular depois do carnaval. Mas como a narrativa prima pela tristeza subterrânea e terna, a abertura alegre não se prolonga, estabelecendo, por isso, um falso prelúdio.

A refrão popular soa musical de três maneiras. Primeira: pela melodia dos versos, como é entendida nos tratados de versificação, ou seja, a sonoridade agradável das vogais. Há a reiteração da vogal (a) em meio aos ataques especialmente percussivos das consoantes. Segunda: pela repetição ao longo do poema do verso 01 (cinco vezes), funcionando como estribilho; pela variação do verso "Na Rua do Sabão" para "Não caiu na Rua do Sabão", que ao final do poema sintetiza todo o refrão numa negação dele próprio. Terceira: se o leitor souber a melodia musical da sentença popular poderá cantá-la no ato da leitura. Se os versos pretendem imitar a oralidade, como em geral conseguem as canções populares via entonação e vocabulário, Bandeira conseguiu aqui uma dupla imitação da fala, pelo menos nesse âmbito da colagem do refrão. Longe de ser mero ornamento, ela liga a musicalidade dos versos à recriação da fala e à apropriação do motivo folclórico como recurso estético no todo. Esses três aspectos se equilibram em versos livres, e o resultado final é um poema tipicamente modernista com colorido nacionalista, cuja temática do cotidiano se apresenta numa forma lapidar, em linguagem que brota como natural.

Vejamos algumas variantes da cantiga de domínio público. Elas podem ser cantadas seguidamente ou permutadas a gosto:

Cai, Cai, Balão (variante 01)

Cai, cai, balão! Cai, cai, balão!
Na Rua do Sabão.
Não cai, não! Não cai, não! Não cai, não!
Cai aqui na minha mão!

Cai, Cai, Balão (variante 02)

Cai, cai, balão! Cai, cai, balão!
Na Rua do Sabão.
Não vou lá! Não vou lá! Não vou lá!
Tenho medo de apanhá!

Cai, Cai, Balão (variante 03)

Cai, cai, balão! Cai, cai, balão!
Aqui na minha mão
Não cai, não! Não cai, não! Não cai, não!
Cai na Rua do Sabão!

Ao lançar mão da *colagem nacionalista*, Manuel Bandeira alimenta, a seu modo, as discussões sobre a utilização de materiais folclóricos na arte moderna brasileira. Por outro lado, a colagem, apenas enquanto técnica, e o uso coloquial da linguagem aproximam-no da canção popular. O recurso sempre foi costumaz entre os compositores populares desde as décadas de 1910, 1920 e 1930. *Pelo Telefone* (1916), primeira canção registrada sob o gênero samba, é uma perceptível colcha de retalhos. Mas, ao contrário das vanguardas ou correntes modernistas, nos cancionistas da primeira metade do século XX, a colagem não correspondia a um projeto estético, era uma praxe. Em suas composições, entravam trechos de partido alto, narrativas populares, sambas ou maxixes já prontos. Operavam como misto de compositores, organizadores e transformadores de fragmentos.

A prática gerava controvérsia. Quando confundida a roubo ou a plágio, mesmo sendo volúvel a noção de autoria na música do período. Uma frase atribuída a Sinhô, sintetiza esse hábito de composição: "Samba é como passarinho, é de quem pegar" (E. de Alencar, 1981, pp. 67-72). Ao percorrer as semelhanças entre vidas e obras de Bandeira e Sinhô, comparando a dicção da poesia modernista com a da canção popular, André Gardel (1996, p. 48) resume a atitude deste que embarcou para a posteridade como Rei do Samba:

> [...] a postura de Sinhô, e de muitos outros compositores ligados à indústria de diversão, era de livre uso do material poético-musical urbano solto pelas ruas. As músicas nesse momento ainda não são compradas dos compositores desconhecidos pelos mais famosos, mas sim acintosamente roubadas.

Compositores da linhagem de Sinhô moldaram um mosaico de materiais que, não fossem eles, jamais teríamos conhecido. Além disso, se na literatura a autoria de livros inteiros se relativiza pela execução de intertextos e materiais alheios, entre os cancionistas a questão se amplia sensivelmente. A começar pela unidade com que trabalham: um samba, uma marcha, ou no máximo um disco, que reunia cerca de duas canções, pelo menos até o advento do *long-play*. Dos primeiros sambas a aludir os códigos da malandragem, em *Ora Vejam Só* (1927) de Sinhô, para citar um bom exemplo em que colagem se confunde com rapinagem, toda a primeira parte da música, justamente o estribilho, parece ter sido "acintosamente roubada" de Heitor dos Prazeres.

Em Manuel Bandeira, também se destaca a colagem de versos arrendados, como o emblemático "Balada das Três Mulheres do Sabonete Araxá", de *Estrela da Manhã* (1936). Ali, há excertos de Olavo Bilac, Castro Alves, João de Barro (compositor de sambas e marchinhas), Oscar Wilde, dentre outros[3].

3. Ver "O *Humour* Bandeiriano ou As Histórias de um Sabonete" de Sônia Brayner (in S. Brayner, 1980), em que a estudiosa mostra quais versos, comparando-os inclusive com os originais, Manuel Bandeira tirou de outros poetas para compor o poema.

Para Gardel, ainda, tanto Manuel quanto Sinhô praticariam modalidades parelhas de *colagem intratextual*, entendida como reprodução de fragmentos da própria obra. Veja-se o poema "Antologia", de *Estrela da Tarde* (1963), em que Bandeira rearranja versos de lugares diferentes da sua lavra particular.

Modelo de colagem na canção, agora de tema folclórico, o *Cai, Cai, Balão* (1933) de Assis Valente (Valente ou Zan, 1989) faz fronteira com o poema de Bandeira. Parte substancial do repertório até hoje cantado nas festas juninas foi criada por sambistas de primeira. Para tais compositores, Valente incluso, o carnaval era a melhor época de ganhar com música, principalmente marchas, mas as festividades de meio de ano acabavam propiciando a veiculação de uma ou outra canção nas rádios. Exemplos famosos: *Chegou a Hora da Fogueira*, de Lamartine Babo; *Sonho de Papel*, de Alberto Ribeiro; *Sobe meu Balão*, de Ari Barroso, *Capelinha de Melão*, de João de Barro e Alberto de Oliveira etc. Muitas delas agregam trechos antes em domínio público, procedimento que além de ter contribuído para a duradoura inserção que ainda têm no imaginário popular, também pode sugerir um corredor de acesso ao nacionalismo da poesia modernista dos anos de 1920 e 1930.

CAI, CAI, BALÃO

Cai, cai, balão!
Você não deve subir
Quem sobe muito
Cai depressa sem sentir
A ventania
De sua queda vai zombar
Cai, cai, balão!
Não deixe o vento te levar

Numa noite na fogueira
Enviei a São João
O meu sonho de criança
Num formato de balão
Mas o vento da mentira

Derrubou sem piedade
O balão do meu destino
Da cruel realidade

Atirado pelo mundo
Eu também sou um balão
Vou subindo de mentira
No azul da ilusão
Meu amor foi a fogueira
Que bem cedo se apagou
Hoje vivo de saudade
É a cinza que ficou.

Além do verso “Cai, cai, balão”, há outros paralelos. Nos dois textos, o balão centraliza algo de esperança. A imagem dele voando emerge como a trajetória de um desejo ou de um sonho dos quais temos pouco ou nenhum controle. No compositor, a alegoria salta à vista. O eu da canção, depois de discorrer sobre o balão, identifica-se com ele: “Eu também sou um balão”. Em “Na Rua do Sabão”, narrado em terceira pessoa, o balão é desejado de forma cifrada, isto é, a molecada o persegue em vão, pois “o objeto tocante na escuridão” não cairá na “Rua do Sabão”, a qual, na quadra popular, simboliza o lugar acessível aos intentos dos meninos.

Manuel Bandeira foi dos primeiros a introduzir o motivo “Cai, cai, balão” na literatura livresca, por assim dizer. Depois dele, muitos se habilitaram, como Mário de Andrade em prosa mencionada. Mas ninguém perseguiu resultado tão próximo ao obtido por ele, como Olegário Mariano. Influência sensível no meio modernista, embora mantivesse inabalável sua raiz parnaso-simbolista, Olegário experimentou no final dos anos de 1920 a tendência do momento na poesia brasileira: o nacionalismo agora com linguagem atualizada pelas vanguardas.

CAI, CAI, BALÃO

Na noite fria, quieta e estrelada

Que o luar envolve num grande beijo,
Vai subir o balão... A criançada
Acende os olhos, abre os braços em desejo...

Arfa o bojo amarelo num momento...
Treme, estala ao clamor doido que o impede...
Lá vai levado no vaivém do vento...
Os olhos sobem para o céu com ele.

Ilusão de um desejo irrealizado,
Passou... Vem outro... Cai, balão! A noite é fria.
E outro que sobe, e outro que cai do céu doirado
Abre na criançada explosões de alegria...

Ah, vida humana! Em minha ingenuidade
Acho que o destino é triste mas é lindo!
Como um balão aceso a Felicidade
Foge das nossas mãos e vai indo... vai indo...

Cai, cai, balão!

(O. Mariano, 1957, p. 197)

O poema, impresso no volume *Canto da Minha Terra* (1927), é composto em decassílabos e alexandrinos, enquanto o de Bandeira desenrola-se em versos livres. Do ponto de vista formal, afora o verso "Cai, cai, balão", Olegário Mariano também carrega nas reticências para sugerir vôo, além de esboçar alguma plasticidade ao concluir com um verso se desgarrando do corpo do poema, como se fosse um balão. Neste mesmo ano, os versos fluentes do poema ganhariam as rádios com melodia de Joubert de Carvalho, que, na ocasião, começava sua trajetória de êxito.

Em Olegário Mariano, como em Bandeira, destaca-se toda a expectativa que o balão, aqui também identificado com desejo, pode causar na criança. A ação é menos dramatizada; por haver vários balões e tudo se tornar tão impessoal, o segredo alegórico do balão aparece facilitado. Na última estrofe, o poeta decreta uma chave de leitura: a felicidade é como um balão.

Nesse sentido, assemelha-se à canção de Assis Valente, que, aliás, tem o mesmo título. Em "Na Rua do Sabão", a atenção se prende em apenas um balão e em seu criador. Toda a cena que circunda o balão física e metaforicamente está, por um lado, à mostra e, por outro, à espera de ser descoberta por nós. Olegário tornaria ao tema, fixando um conteúdo narrativo até mais próximo ao de Bandeira. Na coletânea *Destino* (1931), os octossílabos de "São João" dão conta de um único balão ("a maior estrela do céu", "simples ilusão") escapando de uma garotada genérica: "Atrás dele, cruzando ruas, / Os garotos vão a gritar... / Olhos no céu, as pernas nuas, / Os braços oscilando no ar..." A semelhança poderia ser maior, caso de novo Olegário empregasse o refrão popular ou a espacialidade da página.

Seja qual for o espetáculo traçado pelo balão de Manuel Bandeira, "Na Rua do Sabão", "espaço de dimensões múltiplas", atualiza e alimenta, de forma singular, um motivo em princípio da tradição popular brasileira que, sobretudo depois do poeta, vem se desdobrando, agora como *topos*, até os dias de hoje nas tradições literária e musical. Nos anos de 1940, o poema seria musicado para canto lírico por José Siqueira. Compositor prestigiado a seu tempo, foi fundador e diretor da Orquestra Sinfônica Brasileira entre 1940 e 1947. Pela linguagem e temática cotidiana e certamente por conter o refrão popular, o texto cabia nas pesquisas de Siqueira, um dos adeptos do nacionalismo que procurava trazer para a música erudita, muitas vezes sob forma de colagem, elementos de domínio público. Outros textos de Bandeira repletos de motivos folclóricos ou temas populares foram aproveitados pelo compositor, como "Trem de Ferro" e "Macumba de Pai José".

Verso a Verso

Logo após o que chamei de *falso prelúdio*, destaca-se a figura do "filho da lavadeira". Um menino que, apesar da doença ("tosse muito"), precisa trabalhar, quem sabe, para ajudar nas despesas de casa. É o grande responsável pela confecção do balão, verdadeiro acontecimento-ritual antes mesmo de existir materialmente: sua fabricação está cercada de magia e festa. Pobre e doente, o menino tem sua noite de deus, exerce o incrível poder de conceder ao balão o sopro, a vida. O sufixo "inho" de "balãozinho de papel" confere ternura, condensa a escassez de recursos da criança pobre para produzir um pequeno balão. O poema pode ser visto como narrativa não cronológica, mas cíclica: inicia e acaba com o balão em ação. De início, ele está pronto no refrão, ou seja, na imaginação; ao final, está terminado no céu. O tom coloquial e triste do verso 04 também ganha em nostalgia se pensarmos que tanto trabalho – e o balão deve custar o pouco que o menino não tem – acabará longe, intocável, no mar, como se retornasse para a fábula do refrão.

Há a imitação da linguagem coloquial, outro índice de nacionalismo para a época. Embora alguns vocábulos sejam pouco prováveis na fala das ruas (*oblongo*, *entesou*, *tenteavam*, por exemplo), o poema, se lido ou recitado, guarda seu quinhão de entonação natural. A sucessão de três expressões impessoais nos versos 04, 05 e 06 é típica da oralidade: *o que, quem, um que*. As duas últimas impessoalizam o menino tísico, que somente adiante será chamado de *José*, nome que, comuníssimo e sem sobrenome, não dá identidade alguma.

Os versos livres do poema oferecem regularidades e especificidades que o aproximam da música; pelo menos de algumas noções de musicalidade formuladas na modernidade para a poesia. Os versos 04 e 06, por exemplo, são lidos num intervalo de tempo similar, assim como os versos 07 e 09. A estrutura silábica dos versos 04, 05 e 06 é mantida nos versos 07, 08 e 09, acrescida, porém, de mais sílabas. A segunda estrutura é uma espécie de retomada da primeira, como em música uma frase melódica se repete variada e ampliada. Penso na estrutura poemática em suas possíveis analogias com a música de concerto, como sugere T. S. Eliot em "A Música da Poesia".

No verso 07, um dos maiores, é notável a economia no emprego de vogais e consoantes. Na forte aliteração dos pares de consoantes bilabiais [p,b], palatais [c,g] e nasais [n,m] estão mergulhados praticamente os sons em torno da vogal [o]. O verso parece de fato "oblongo", porque sua estreita curva sonora não corresponde ao seu tamanho. O efeito monocórdio realçado visualmente pela estatura do verso salta aos olhos e aos ouvidos. A sonoridade lembra o trabalho repetitivo e demorado de confeccionar o balão. Remete, ainda, aos gomos mais ou menos iguais e simétricos que o compõem.

O verso 09, não por acaso deslocado de estrofe, é o momento mais aguardado pela molecada: a subida do balão, a hora que ameaça voar. Depois de fabricado, toma forma apenas à medida que vai subindo e se enchendo de ar; por isso, enquanto levanta, ainda é uma coisa disforme e "tocante na escuridão". Em sua completude, o balão se apresenta sempre intangível. Os meninos podem até tocá-lo no chão, mas como objeto inacabado. Absoluto mesmo, só no espaço ou na fantasia do refrão que a garotada segue cantando. Em *Belo Balão*, de Luiz Gonzaga Jr. (1985), há um balão parente deste, completado exclusivamente no ar, carregando e simbolizando ilusão:

> E os meninos da rua fizeram um belo balão
> Com as cores dos olhos e a forma de um coração
> Ai que belo balão os meninos fizeram de um sonho
> Ai que belo balão para ir lá no fundo do céu
> Pra pegar todo e mel e adoçar a vida.

Do verso 10 ao 25 configura-se o núcleo tensivo do poema. O balão alça vôo definitivo, ao mesmo tempo em que a molecada é tomada de total euforia. Os versos 10 e 11 representam um impasse: o balão "bambeia" ameaçando gorar. A descrição de sua precariedade é habilidosa, ele ganha aspecto de pessoa em convalescença (de tuberculose?), ou seja, reveste-se de uma humanidade titubeante (criar fôlego, bambear, mudar de cor).

Esse estado cessa no verso 15, quando o balão "subitamente" ganha o céu.

Se Manuel Bandeira aproveita o material biográfico para condenar *José*, como inferiu Mário de Andrade, emprega tática semelhante para caracterizar o balão. Num primeiro instante, é frágil; num segundo, revela força contra sua natureza precária, "arranca das mãos que o tenteavam". Há um jogo de espelhos entre *José*, o balão e a pessoa-poeta. Neste sentido, o balão tem por baixo a poesia bandeiriana, meticulosamente montada por um poeta que se confessa precário, doente, espécie de "maior abandonado" pela família morta. Desprezando, entretanto, a biografia do poeta, o espelhamento se dá apenas entre os dois primeiros, o que já traz lucros interpretativos. Na realidade textual, de todo modo, é o filho tísico da lavadeira, com saúde frágil e dificuldades materiais, quem empresta vida ao balão.

Os versos 16, 17 e 18, pela disposição espacial e pelos finais reticentes, sugerem o vôo sereno do balão, "como se o enchesse o sopro tísico do José". O estribilho "Cai, cai, balão" repete-se três vezes nessa parte do poema; como se a molecada, ao longo da corrida atrás do balão para derrubá-lo, cantasse um grito de incentivo, de guerra mesmo. Os versos 22, 23 e 24 são a quebra rítmica do 21, já que semanticamente deveriam constituir um único verso, obedecendo ao ritmo do pensamento expresso. Formam um acorde, se pensarmos no verso harmônico de Mário de Andrade, à medida que a tríade *assobios*, *apupos* e *pedradas* supõe ações simultâneas dos garotos. A própria quebra rítmica representa o ímpeto e a "maldade" dos meninos em assaltar o balão.

No 26, maior de todos, o tom coloquial vai para o grave. A mudança se explica pelo alerta às crianças. É significativo que seja a única fala adulta do poema. Voz que solicita cautela e, como qualquer advertência de estado míope, chega tarde demais. As "posturas municipais" foram burladas por *José* no ato de criar o balão, e pelo próprio balão, que caiu no mar sem provocar dano a ninguém e, a um só tempo, sem ser abatido pela molecada. O balão é o vencedor patente da brincadeira. Ou foi a poesia moderna que bateu as velhas posturas e normas poéticas? Na sua primeira recolta modernista, *Poemas* (1927), quando encena uma "Noite de São João" supostamente alagoana, Jorge de Lima (1958, pp. 240-242) prefere a brincadeira de soltar fogos e bombinhas. Coordena os versos e livros repletos de coloquialismos, mas também frisa, em itálico mesmo, o aviso protocolar: "O delegado proibiu bombas, foguetes, busca-pés". Aqui poderíamos ler: a poética tradicional interditou o verso livre, a montagem, a loucura.

Os versos 27, 28 e 29 estão relacionados, por paralelismo, com os 16, 17 e 18. A construção sintática é basicamente a mesma e a sugestão de vôo também. Na última, porém, o balão já vai longe, o que é frisado pelas duas ocorrências do advérbio de intensidade *muito*.

O último verso abre um feixe de leituras. O balão que ingressa "nas águas puras do mar alto" frustra a molecada derrotada na tentativa de derrubá-lo. Os meninos alternam amor e ódio por ele. É como se ele fosse um sonho ou desejo que, num primeiro momento, é festejado porque está sob controle e, num outro, escapa, desafia, daí a decisão de freá-lo. Fruto precário do engenho do garoto tísico, alcança seu plano de vôo partindo do chão ao céu, ao mar; saindo do baixo, de mãos humildes, indo dar num lugar sublime, caracterizado pelos adjetivos *puras* e *alto*. Em "Na Rua do Sabão", flagra-se, em certo sentido, um movimento comumente ressaltado por Davi Arrigucci em todo seu *Humildade, Paixão e Morte*: antenado às pequenas coisas do dia-a-dia, Bandeira é capaz de desentranhar do solo bruto a poesia mais profundamente elevada. O final, por outro lado, pode significar o coroamento sublime da construção poética ou, ainda, o ponto de chegada para a liberdade de movimentos poéticos a que chega Manuel Bandeira em *O Ritmo Dissoluto*, depois de levar "tempo para criar fôlego" nos dois livros iniciais.

A apreensão dos recursos que soam musicais revela uma forma equilibrada, a carga poética sutil, desprezemos ou não a biografia do autor. "Na Rua do Sabão" se desdobra num leque maior que a própria individualidade de quem o escreveu. A leitura que privilegia algumas espécies de musicalidades, ou camadas musicais do texto, abre-se como uma dessas possibilidades interpretativas pouco coladas à existência do poeta. Ou, ainda, a leitura que inscreve o poema numa série nacionalista da cultura brasileira.

Bandeira parece embaralhar uma profusão de versos. Mas o corpo resultante obedece a uma organização quase musical. Cada palavra desempenha um papel preciso na economia do texto; cada palavra brilha por si mesma dando ao poema aquele movimento "orquestral" procurado por Mallarmé, e que Bandeira conhecia de perto. Esse traço sinfônico não se limita ao campo sonoro e semântico, traduz-se também na disposição gráfica particular, que abarca indicações de leituras que a pontuação e a estrofação convencionais não suportam. Tal musicalidade, evidenciada espacialmente, é, inclusive, coerente com a ação desenrolada no poema, seja a correria dos moleques, seja a *performance* inabalável do balão.

"Na Rua do Sabão" desfila paralelismos, colagens, retomadas, variações de padrões sintáticos. Há nuanças no tom do discurso. Todo esse efeito de aparente desarranjo poético lembra, para finalizar com uma ilustração musical, o emaranhado de células rítmicas e temas (muitos vindos da tradição folclórica russa) conformados na *Sagração da Primavera* (1913), obra com que Stravinsky inquietou a música ocidental. Ao fazer com que pequenas estruturas, em princípio inarticuláveis, ganhassem organicidade, Bandeira alcança uma musicalidade poética, de algum modo, identificável ao processo de composição de Stravinsky. Grande articulador de temas musicais, experimentador rítmico capaz de encadear compassos de valores diferentes na mesma composição, defendia o paralelismo à simetria, pois, para ele "ser perfeitamente simétrico é o mesmo que ser perfeitamente morto" ("Da Arte de Compor e das Composições", 1984, p. 13).

3

O Gato e a Pensão

PENSÃO FAMILIAR

Jardim da pensãozinha burguesa.
Gatos espapaçados ao sol.
A tiririca sitia os canteiros chatos.
O sol acaba de crestar os gosmilhos que murcharam.
05 Os girassóis
amarelo!
resistem.
E as dálias, rechonchudas, plebéias, dominicais.
Um gatinho faz pipi.
10 Com gestos de garçom de restaurant-Palace
Encobre cuidadosamente a mijadinha.
Sai vibrando com elegância a patinha direita:
– É a única criatura fina na pensãozinha burguesa.

Petrópolis, 1925

(M. Bandeira, 1998, p. 126)

LIBERTINAGEM

"Pensão Familiar" aparece como escrito na cidade montanhosa, de clima agradável, região serrana do Rio de Janeiro. Manuel Bandeira costumava passar largas temporadas por lá, mesmo terminados os piores anos de tuberculose. O poema consta em *Libertinagem* (1930), obra contundentemente enquadrada dentro da técnica e da estética cultivadas pelos modernistas. No *Itinerário de Pasárgada* lê-se que o sugestivo título vem da grande liberdade de forma e de fundo desprendidas na preparação do livro.

Bandeira demorou a escolher o título, tinha uma porção de nomes para o novo rebento: *Ó Maninha*; *Novas Poesias*; *Outras Poesias*; *Novos Poemas de Ritmo Dissoluto* e *Marcha Soldado*. Pediu ajuda a Mário de Andrade que lhe ofereceu opções folclóricas: *Redondo, Sinhá*; *Mineiro Pau*; *Verso Maneiro* e *Verso Jeitoso*. Desgostando de todos, chegou a alegar ao amigo: "não quero saber de brasileirismo gostoso agora. Não há nada que me aporrinhe mais" (M. Bandeira; M. de Andrade, 2001, p. 414, mar. 1929). Ainda que estimasse puxar traços da linguagem cotidiana para seus poemas, ele tinha restrições à obsessão de Mário em criar uma língua literária excessivamente recheada de elementos da fala popular. Por fim, acolheu a proposta de Rodrigo Andrade: "*Libertinagem* apesar de haver o *Le Libertinage* de Aragon, estou tentadíssimo. *Libertinagem* serve para a forma e por ironia para o fundo".

Libertinagem, de certo, consolida o coloquial e o irônico, à inquietação espiritual se junta a procura por novas possibilidades formais, o verso livre reina absoluto. Um pouco diferente do que afirmava Otávio de Faria[1], a respeito da consciência formal na coletânea, Bandeira não se despreocupa com a técnica. Os resultados manam de um vasto domínio estético somado à grande faina com a linguagem. O poeta nem precisou da reprimenda que Mário de Andrade (1974, p. 27), na década de 1930, direcionou aos farsantes do verso livre: "os moços se aproveitaram dessa facilidade aparente, que de fato era uma dificulda-

1. "O poeta parece ter chegado a um ideal de extrema simplicidade: o poema [...] com a abstenção de qualquer preocupação de técnica poética" (O. de Faria, 1936 ou 1986, p. 141).

de a mais, pois, desprovido o poema dos encantos exteriores de metro e rima, ficava apenas... o talento". Que poemas seus soem simples, isso não procede de um escasso trabalho artístico, mas de uma poética pessoal que, nos bastidores, buscava reforços nas artes poéticas, nos tratados e nas vanguardas em nascimento.

No que tange ao conteúdo do livro, Tristão de Athayde (1987, p. 101) conta que "os temas cotidianos, os temas que pareciam antipoéticos, formam um elemento capital no início do modernismo. E Manuel Bandeira foi o iniciador deles. 'Pensão Familiar', é típico nesse sentido". Muitos temas "antipoéticos" já figuravam na poesia e na canção populares, que para os círculos da arte vigente eram parte do registro desprestigiado, fossem elas dignas de nota ou não. A novidade do modernismo do qual Bandeira é considerado precursor, foi palmear uma via sem a divisão anterior entre elevado e baixo, mas assumir qualquer tema, sob as mais variadas formalizações, para uma realização aceita como alta poesia.

Verso a Verso

"Pensão Familiar" oferece pequenas dificuldades de leitura. Brota como um corte no cotidiano. Uma cena completamente estática. Alguns gatos no banho de sol em meio às plantas do jardim ordinário. Tudo muito desinteressante. O que pretende este retrato sensabor? É a pergunta que paira até o quadro entrar em movimento para um dos gatos fazer xixi. Que seja manso o gesto do gato, é um espocar de vida em contraposição à pasmaceira do jardim da pensãozinha. Dá-se uma ação de surpresa contida, como se contemplássemos uma fotografia e de repente a perna de alguém mexesse[2].

2. A idéia de paralisia, em especial na figura do gato e do jardim, aparece reconstituída em outro contexto interessante, no poema "As Pêras" de Ferreira Gullar (1980, pp. 37-38).

Vejo dois conjuntos de versos a serem lidos cada qual num *compasso de tempo*, para invocar a formulação de Edward Sapir. Para ele, nos poemas em verso livre, linhas com números de sílabas semelhantes podem ser lidas num mesmo intervalo de tempo[3]. Como na música, em que compassos iguais recebem quantidades diferentes de notas ou acordes. São os grupos de versos com mais ou menos nove sílabas (01, 02, 09) e os com mais ou menos quinze sílabas (03, 04, 08, 10, 11, 12, 13). Além deles, o arranjo especial desenhado pelos versos 05, 06 e 07.

Nos quatro primeiros versos, sublinho a musicalidade acústico-fonética, por assim dizer. No primeiro, a aliteração das consoantes fricativas surdas [s] e sonoras [z] bem como a assonância da vogal [a], que se estende a todos os versos seguintes até o desfecho no 13. No segundo, a reduplicação, na mesma palavra, da sílaba [pa]; o particípio plural "espapaçados", pela sua sonoridade e sentido de frouxidão e indolência, indica muitos gatos na moleza do banho de sol. A reduplicação também ocorre com a sílaba [ri] no terceiro verso – nele há, ainda, a aliteração da consoante oclusiva [t] e a assonância da vogal [i] –, tudo remetendo ao sentido de "tiririca sitia", como erva daninha prolífera em qualquer terreno. No quarto, interessante a aliteração das oclusivas simulando o som característico do sentido de *crestar* como tostar ou queimar: k, b, d, t, g. No geral, esse quadro sonoro dá aos versos livres uma melodia baseada fortemente nas vogais [a] e [i]. O ritmo é pouco truncado, o que se deve, sobretudo, à ordem direta das frases e às idéias bastante fechadas em cada verso.

A cena está pausada, embora verbos de ligação estejam ausentes e/ou implícitos: gatos (estão) espapaçados ao sol; a tiririca sitia os canteiros (que são) chatos. As três palavras não convencionais (*espapaçados*, *crestar*, *gosmilhos*) não atrapalham

3. Todo o ensaio "Fundamentos Musicais do Verso", de E. Sapir (1961) vale a pena como instrumental na leitura de poesia. Sirvo-me aqui apenas de uma pequena noção expressa na p.120.

o tom predominantemente coloquial. *Gosmilho* merece nota à parte. Na crônica "Gosmilhos da Pensão", de 1958, o poeta explica que o canteiro de "Pensão Familiar" fora inspirado no da Pensão Geoffroy, de Petrópolis. No meio daquele jardim simples e descuidado, "sorria uma florzinha modesta e bonita, mais modesta que todas as outras. Quis nomeá-la no meu poema e perguntei o nome dela ao jardineiro da pensão. O homem respondeu sem hesitação: 'Gosmilho'. O nome caía-me bem no verso..." (M. Bandeira, 1978, p. 17). Manuel, que, evidente, se apropriou do nome pela sonoridade inusitada, anos mais tarde acabou se complicando. Foi inquirido por um professor norte-americano sobre o significado da palavra; não o encontrando em lugar algum resolveu pedir socorro na imprensa, através da crônica, a um certo José Sampaio, antigo morador de Petrópolis. Parece que não obteve sucesso. No recente dicionário *Houaiss da Língua Portuguesa*, ainda não se encontra a entrada *gosmilho*.

A palavra *sol,* empregada duas vezes, reforça a ação e importância do astro sobre o ambiente; ecoará uma vez mais dentro de "giras*sóis*" na seção seguinte do poema. A letra [o] é grafada muitas vezes, no entanto, a vogal fechada [o] está presente apenas em "g*o*smilhos" e aberta apenas em "s*o*l", nas outras palavras assume o som de [u].

Os girassóis

amarelo!

resistem.

Novamente, as vogais [a] e [i] superutilizadas. As fricativas [s] e [z] se distinguem por estar num plural e em duas sílabas tônicas e, ainda, entre a reiteração do [a] em "amarelo": "gira*s*-*sóis*", "re*sis*tem".

A espacialização dos três versos, como que esfacelando um verso maior quase ao meio do poema, agita o campo visual e o acústico, pois o ritmo que vinha dos versos precedentes fica truncado. Ocorre uma ruptura orquestral a Mallarmé. Cada uma das palavras tende a sobressair por si, no único momento de forte variação rítmica e melódica, de dissonância dos outros versos. O efeito não seria possível com os recursos da pontuação tradicional, daí a divisão em semilinhas. Haroldo de Campos (1980)[4] atribui este e outros trabalhos com a visualidade, por um lado, ao profundo conhecimento que Bandeira demonstrava acerca do *Un coup de dês*; por outro, a sua capacidade de "desconstelização", isto é, como propunha Victor Chklovski (*apud* O. Toledo, 1978)[5], o bardo seria hábil em nos fazer enxergar algo muito familiar de maneira estranha, "desautomatizando" nossa percepção viciada de leitores.

Os versos 05, 06 e 07 detêm uma só idéia. Se lidos num todo sintático compõem um decassílabo, como notou Joaquim Alves de Aguiar (1995, p. 299)[6]. Seria um decassílabo diferenciado, um sáfico imperfeito com acentos fortes na quarta e sétima sílabas. Posso ler, também, uma redondilha maior sem a palavra *resistem*. O destaque maior fica por conta do verso 06 (*amarelo*!). Por não concordar em número com a palavra *girassóis*, o adjetivo, acompanhado do ponto de exclamação e solto no branco da página, tem a força do substantivo de cor, ou da cor mesmo.

Em depoimento a Paulo Mendes Campos (1980), Bandeira diz ter aflorado neste poema o contato com Mário de Andrade. De fato, a disposição dos três versos realiza o verso harmônico. No caso, temos até um acorde dissonante, posto que uma de

4. Nesse trabalho, Haroldo também discute a abertura que Bandeira sempre teve para as novidades, inclusive à poesia concreta.
5. Na p. 45, por exemplo: "para devolver a sensação de vida, para sentir os objetos, para provar que pedra é pedra, existe o que se chama arte. O objetivo da arte é dar a sensação do objeto como visão e não como reconhecimento; o procedimento da arte é o procedimento da singularização dos objetos e o procedimento que consiste em obscurecer a forma, aumentar a dificuldade e a duração da percepção".
6. A *Coleção Archivos*, de fato, anota a variante dos três versos como apenas um: *Os girassóis – amarelo! – resistem.* Conferir M. Bandeira (1998, p. 9 e p. 345).

suas "notas" (*amarelo!*) é, por assim dizer, estranha e responsável pelo choque, pela irresolução harmônico-sintática do verso. Na entrevista, ainda aponta outros poemas influenciados por Mário, além de mostrar outro de que desistiu por parecer "demasiado Pau-Brasil".

No último bloco, ressurge o fluxo rítmico próximo ao inicial, a quantidade silábica de cada verso é aproximável. O oitavo é cadenciado devido às pausas das vírgulas e a reiteração das vogais [a] e [i] que se espalham por todas as palavras. A esse dado une-se a repetição da consoante dental [d], além da reduplicação, na mesma palavra, da fricativa [ch], que, próxima à fricativa [s] dos plurais, desenham toda a linha sonora.

O verso 09 possui sete sílabas métricas. Nele, predomina a vogal [i] que, como vogal líquida, sugere o "pipi" do gato. Novamente, a reduplicação de uma sílaba na mesma palavra: [pi]. Daqui para frente, haverá a concentração da consoante oclusiva velar [g], que vem aparecendo antecipando o vocábulo *gato*, nosso personagem principal. No verso 11, mais vogais [a] e [i] e o advérbio *cuidadosamente* no centro do verso. Seu tamanho avantajado, o tempo que levamos para lê-lo, condiz com o gesto pausado do gato.

O verso 09 também apresenta alguma quebra rítmica. É o menor da terceira "estrofe". Gera tensão, expectativa que suspende a leitura por um instante. O gato principal entra em cena beirando o obsceno, pois o flagramos em sua intimidade. Os versos 10 e 11 estão em conjunto, descrevem a maneira como o animal esconde a "mijadinha". De um jeito malandro, consegue um quê de elegância dentro do ato baixo.

No 12, a aliteração da consoante [r], ora vibrante ora fricativa, imita o ato continuado de sair "vibr*ando*". Os movimentos repetitivos da pata servem como *vibrato* gestual do gato. No 13, dá-se a reduplicação da sílaba [na], dessa vez em sintagmas diferentes: "fi*na na*". O sufixo "inho" é largamente empregado no poema: cinco vezes em treze versos. Só nos três versos finais ocorre três vezes, gerando uma espécie de pedal, tanto no que respeita o sentido de diminutivo, quanto no que se refere ao eco do seu som anasalado. Posso afirmar que, tal como aparece, o diminutivo faz aqui as vezes de rima.

Em português, o diminutivo comunica pelo menos três sentidos: pequenez física ou concreta; diminuição moral ou depreciativa; ternura ou carinho por alguém ou algo. Quando empregado duas vezes em *pensãozinha*, tende a menoscabar e ironizar o estabelecimento burguês. Depois, expressa singeleza no trato com o gato. O uso do diminutivo é recorrente na poesia bandeiriana em todos os livros. Traz consigo também a marca da infância e da oralidade tão procurada pelo modernismo. Em "Pensão Familiar", corroboram para isso as muitas reduplicações, traço de linguagem que caracteriza os primórdios da fala infantil.

Em *Raízes do Brasil*, em meio à apreciação do "homem cordial", Sérgio Buarque de Holanda (1978, p. 108) entende que "a terminação 'inho', aposta às palavras, serve para nos familiarizarmos mais com as pessoas ou os objetos e, ao mesmo tempo, para lhes dar relevo. É a maneira de fazê-los mais acessíveis aos sentidos e também de aproximá-los do coração". À nossa aversão pelas reverências prolongadas e pelos ritualismos sociais, liga-se esse esforço lingüístico na direção da maior familiaridade que permite, inclusive, tratar os santos católicos "com uma intimidade quase desrespeitosa". Recupera o caso de Santa Teresa de Lisieux, que, no Brasil, se popularizou como Santa Terezinha, a mesma para a qual o poeta pede alegria em "Oração a Teresinha do Menino Jesus", também de *Libertinagem*. Ao cercar as ações do gato com diminutivos, o poeta distingue um bicho em princípio sem importância. Do ponto de vista da linguagem poética, a estratégia consegue levar nossa atenção para a dramatização de uma cena completamente banal, e os diminutivos colaboram para isso. O poeta induz a uma familiaridade às avessas: em lugar de tornar íntimo algo ou alguém hierarquicamente superior, nos afeiçoa à ralé, ao gatinho vira-lata.

O Gato, a Pensão e a Cidade

O cenário cotidiano vem à tona com vocabulário e sintaxe coloquiais coerentes. A musicalidade obtida, pelo que procuro mostrar, obedece a outras regularidades, pouco sistematizáveis do ponto de vista da métrica tradicional, mas desenvoltas se percebidas sob a óptica de concepções poéticas modernas. Num poema como "A Silhueta" (M. Bandeira, 1998, pp. 87-88), de *Carnaval* (1919), diferentemente, enfatizava-se o clima soturno. Ali, a musicalidade melancólica é proporcionada pela versificação de viés simbolista, forte no primeiro Bandeira. Não se pretende reproduzir vestígios da oralidade, o vocabulário tem mesmo algo de precioso: "ebúrneo" e "branqueja".

"Pensão Familiar" é enumerativo, seus versos encerram em si quase sempre uma única idéia. Tudo se passa rápido como numa montagem cinematográfica a nos conduzir a foco de visão. Sente-se um dinamismo de vanguarda, embora o poeta não desapareça com os adjetivos ("E as dálias, *rechonchudas, plebéias, dominicais.*"), não devasse a sintaxe, nem despreze a pontuação como gostariam futuristas ou dadaístas. Longe de fingir as realidades fracionadas em planos sobrepostos dos quadros de Picasso, a enumeração aqui – estilhaçada à sua maneira – fragmenta a narrativa ou descrição linear. Como grande parte da obra de Manuel Bandeira, o poema não reza pelos manifestos de nenhuma vanguarda, mas lhes furta algumas propostas para a sua poética.

Na "pensãozinha burguesa" de jardim estragado, podem até residir pessoas de procedências e ocupações várias, no entanto, elas não se personificam, são apenas "não finas". As plantas estão humanizadas, desfilam atributos das pessoas que sequer aparecem – a não ser o garçom comparado ao gato e que nem faz parte da pensão. A tiririca, erva daninha que como um tubérculo toma qualquer terreno, sitia os canteiros como um exército em ataque; os girassóis, flores cultivadas e de aspecto altivo, resistem ao sol e à tiririca como um pelotão. As dálias são rechonchudas como criança gorducha; também são plebéias, ou seja, de qualidade irrelevante. O adjetivo dominical empresta a elas o ar preguiçoso do domingo, as dálias têm aspecto folgazão ao se aquecerem ao sol matinal[7].

O gato estampa caracteres do homem, seu domesticador. Mais humanizado que animalizado "é a única criatura fina na pensãozinha burguesa". Personagem central, é um animal elegante "com gestos de garçom de restaurant-Palace" – com direito a expressão francesa, mania na fala da sociedade burguesa satirizada pelos modernistas. O verso 10, ainda, pode ser lido como alexandrino francês com cesura na sexta sílaba! Tais índices, que lastreariam alta cultura, são responsáveis por toda a ironia do verso; a elegância, afinal, acaba ridicularizada, porquanto colada à *toilette* pública do gato.

Por falar em galicismos, colaboram para a pluralidade de *Libertinagem* dois poemas em língua francesa: "Chambre Vide" e "Bonheur Lyrique". Na década de 1960, este mesmo "Pensão Familiar" foi vertido para o francês numa coletânea organizada por Michel Simon, que também escreveu uma apresentação geral da vida e da obra de Bandeira. A palavra *gosmilhos* deve ter tirado o sono de Simon, que a traduziu por *jasmins*.

PENSION DE FAMILLE

Dans le jardin de la petit pension de famille,
Des chats se prélassent au soleil.
L'ivraie envahit les plates-bandes nivelées.

7. Assim analisa o mesmo trecho Aguiar (1995, p. 300): "A construção visa qualificar as dálias, que também resistiram. Examinando os termos, temos um *senso comum* em 'rechonchudas', uma *análise* em 'plebéias' e de novo a projeção evidente da *subjetividade* do poeta em 'dominicais'. Quer dizer: a flor grande e farta é um dado objetivo, a flor plebéia, um dado analítico relacionado com a possível vulgaridade de uma planta que serve a qualquer jardim, e a flor dominical concentra em si a melancolia espalhada no poema: o domingo e sua chatice".

Le soleil brûle les jasmins fanés.
Les tournesols
jaunes!
résistent.
Et les dahlias, joufflus, plébéiens, dominicaux.

Un petit chat fait pipi.
Avec les gestes d'un garçon de Restaurant-Palace
Il recouvre soigneusement sa petite flaque d'urine.
Puis il s'en va élevant avec élégance sa pette droite:
– C'est la seule créature de qualité de la petite pension de famille.

(M. Simon, 1965, p. 105)

As moradias coletivas são freqüentes na literatura brasileira. Há o grande cortiço São Romão, cenário d'*O Cortiço*, de Aluísio de Azevedo. Em *Macunaíma*, o herói e seus irmãos Jiguê e Maanape se instalam numa pensão quando chegam a São Paulo. Num e noutro exemplo, essas habitações não se apresentam apenas como estabelecimentos comercias de hospedagem ou habitação, mas como ambientes propícios às relações humanas. Surgem como espaço de trocas culturais e sociais dentro da própria narrativa. Viabilizam o encontro entre malandros, literatos, músicos, profissionais liberais, estudantes, intelectuais, trabalhadores em geral, imigrantes etc., propiciando interações de toda sorte. Bandeira descarta toda essa possibilidade de tipos humanos, prefere centrar a atenção no jardim da pensão, exatamente no gato que aí desfila.

A pensão não se mostra internamente como local de estadia provisória, nem como local de camaradagem ou de convivência cordial, onde muitas vezes se tenta reproduzir o ambiente da casa familiar. Como leitores, temos apenas o jardim e o título do poema que é a legenda colocada na fachada de pensões que almejam propagar seriedade e honestidade: "Pensão Familiar". Segundo Roberto DaMatta (1994, p. 27), diferente das habitações coletivas, "tudo, afinal de contas, que está no espaço da nossa casa é bom, é belo e é, sobretudo, decente. Até mesmo as nossas plantas são mais viçosas que as do vizinho e amigos". Ao abordar a pensão em seu espaço externo, o poeta se prende ao grotesco do espaço público. O jardim é estranho porque pertence à rua e não à residência do eu lírico. Um canteiro sem valor afetivo, desleixado, meio baldio, "jardim" só no nome. Há uma crítica tênue nisso. O cartão de visita em cacos da pensão está em choque com sua pretensa pose burguesa.

O estabelecimento talvez reflita a condição das cidades brasileiras que por aqueles anos se urbanizavam conservando aspectos, valores e paisagens de um Brasil agrário e colonial. O poeta se acautela neste novo cotidiano urbano. A pensão burguesa é desentranhada das ruas, morada das contradições, mas se mostra esvaziada de seu potencial humano. Mimetiza-se a tensão de uma cidade ou país mutante, em que convivem elementos e valores de vida interiorana (gato, mato) e de urbanidade (estabelecimento comercial burguês, garçom, restaurante). Jogados em meio a esse mundo de contrastes, sentimos a inquietação natural aos ambientes em transformação.

O retrato irônico de um mundo conflituoso e em transição está reproduzido, em certa medida, também na forma do poema. "Pensão Familiar", no geral, não abdica da sintaxe e pontuação tradicionais, recria, porém, a linguagem coloquial com novos recursos visuais. O núcleo desse movimento é o acorde formado pelos versos 05, 06 e 07. No centro do poema, em espacialização *sui generis*, propõem novidade rítmica. Irradiam a cor amarela do sol por todo o cenário. Brincam com a inteligência do leitor, principalmente com o habituado à metrificação e à estrofação convencionais.

Como os girassóis, a face interiorana das cidades resiste à urbanização tantas vezes mal planejada e danosa à população. Os novos ares vinham também da agitação nas artes brasileiras. O anseio mais ou menos geral é colocar o país na vanguarda artística do ocidente. A produção literária é fomentada com pluralidade jamais vista, inclusive com investimentos governamentais. A essa suposta "revolução" artística e econômica, como se sabe, não correspondeu um apaziguamento das desigualdades sociais, principalmente na capital federal. O progresso burguês, tantas vezes sinônimo de concreto, não atenuou a eterna sensação de transformação inócua – o conflito grotesco de cidades edificadas e faveladas a um só tempo.

O gato, alegoria de atitude malandra frente à realidade, conserva sim algo de provinciano como a cidade e seus moradores, mas sofre como homem as transformações da modernização. Seus gestos são naturalmente instintivos, não obstante maquinais, medidos, conformados aos códigos de boas maneiras, como o ritual serviçal do garçom coadjuvante desta que é umas das atividades de *status* na sociedade burguesa: sair para comer em *restaurants*. A comparação entre gato e garçom satiriza a profissão do segundo, lembrado menos pela essência humana, do que pela semelhança gestual com o animal. É quando, especula Vladímir Propp (1992, p. 79), "a atividade é representada apenas do ponto de vista de suas manifestações exteriores, privando-se de sentido com isso o seu conteúdo".

O Desenho da Canção

A solidão dos que estão afastados da família manifesta-se no poema. Aquele sentimento de Álvares de Azevedo comum a tantos escritores que, estudando longe, morando em pensões e repúblicas viviam a saudade[8] dos familiares devido à difícil comunicação entre as cidades deste país continental. Mas Bandeira não está no Rio para se formar em curso universitário. Também não retornará à casa paterna que já não existe. Vai viver para sempre sozinho, nessa época, num quarto no morro de Santa Tereza. Por isso podia se colocar como quem está numa pensão, mas sem perspectivas de volta aos pais. O retorno seria a própria morte.

8. Sobre o tema o artigo de F. Süssekind "Brito Broca e o Tema da Volta à Casa no Romantismo" (1991). Também capítulo supracitado de *Raízes do Brasil*, em específico as pp. 103 e 104.

"Pensão Familiar", assim, surpreende uma vez mais. Pouco estimado pela crítica e pelo autor que o chamava de "poeminha", ministra uma aula de forma arquitetada e variando, de quebra, um tema vigoroso na obra do próprio poeta: o quarto. Em poemas como "Comentário Musical", "Última Canção do Beco" e "Poema só para Jaime Ovalle", é decisiva a presença desse ambiente privado, lugar metafórico do transe poético, ideal para concentração e estudo da melhor realização, para a escolha do tema escolhido. Confirma Arrigucci (1990, p. 63):

> Os quartos que habitou foram muitos, o poeta mudou-se muitas vezes, insistindo, porém, na idéia desse espaço restrito da intimidade: transformou-o em imagem idealizada, "suspenso no ar", mas o tornou também um espaço diferenciado e concreto, ao mesmo tempo de resguardo e de abertura para o mundo, privilegiado em múltiplas alusões literárias, a ponto de marcar sua presença implícita mesmo quando não referido ostensivamente[9].

Tomado, possivelmente, à tradição romântica que tanto freqüentou, o dormitório passa, portanto, a soar como algo distintivo da poesia de Manuel Bandeira.

"Pensão Familiar" não desenvolve a plasticidade de um "Na Rua do Sabão". O olhar pausado, por vezes analítico, sobre o jardim da pensão, ele mesmo criação, não permite a musicalidade móvel dos versos que cantam os meninos atrás do balão. Exceto o conjunto dos versos 05, 06 e 07, verdadeiro acorde torto, há uma musicalidade sem sobressaltos, elaborada e plebéia como as dálias.

Uma forma convencional de estrutura musical para a canção popular ou de câmara é: um movimento melódico inicial

9. A reflexão é recuperada em *O Cacto e as Ruínas* (2000, p. 21). Antes, Ribeiro Couto (2004, pp. 35-38) alardeia o tema, em discurso de 1940 proferido como recepção a Manuel Bandeira na Academia Brasileira de Letras. Também em 1954, Lêdo Ivo busca cercar o tema no ensaio "O Preto no Branco" (1978, pp. 208-210).

que vai se tencionando e/ou crescendo até desembocar num clímax da melodia que muitas vezes coincide com o ponto culminante dos afetos expressos na letra. Desse ponto, segue-se um acalmamento das tensões sem necessariamente retomar o movimento inicial. O clímax, se retomado mais de uma vez, pode se tornar o refrão da peça. Ora, em termos eliotianos, dá-se algo parecido no poema. O primeiro verso localiza a área da pensão a qual interessa ao poeta; é o lance de visão mais aberto e amplo. Partindo-se dele até o verso 04, há um crescendo do material lingüístico (o número de sílabas em cada verso aumenta) e uma intensificação da enumeração descritiva que prepara o clímax rítmico e visual do poema: o verso harmônico 05, 06 e 07. A seguir, o poema flui sem grandes variações melódicas, rítmicas ou temáticas até o desfecho.

Como em tantos outros poemas, Manuel Bandeira finaliza com travessão, como se "falasse" a conclusão. É o golpe final de ironia face ao cotidiano e aos valores estacionários da pequena-burguesia. O poema se resolve numa afirmação taxativa. Seria difícil manter o encanto do texto depois do juízo cortante: "é a única criatura fina na pensãozinha burguesa".

4

Mensagens

Sacha e o Poeta

Quando o poeta aparece,
Sacha levanta os olhos claros,
Onde a surpresa é o sol que vai nascer.
O poeta a seguir diz coisas incríveis,
05 Desce ao fogo central da Terra,
Sobe na ponta mais alta das nuvens,
Faz gurugutu pif paf,
Dança de velho,
Vira Exu.
10 Sacha sorri como o primeiro arco-íris.

O poeta estende os braços, Sacha vem com ele.

A serenidade voltou de muito longe.
Que se passou do outro lado?
Sacha mediunizada
15 – Ah – pa – papapá – papá –
Transmite em Morse ao poeta
A última mensagem dos Anjos.

1931

(M. Bandeira, 1998, p. 156)

Estrela da Manhã

Estamos em 1936. A essa altura da carreira, o poeta possuía razoável reconhecimento. Neste ano de seu cinqüentenário sai o volume *Homenagem a Manuel Bandeira*, com trinta e três colaborações de escritores, intelectuais, jornalistas entre estudos, comentários, poemas e impressões sobre sua obra. A partir da segunda metade dos anos trinta, além dos versos e crônicas constantes na imprensa, passa a ser homem influente nas instituições de fomento ao ensino e à cultura. Em 1935, pelas mãos de Gustavo Capanema, é nomeado inspetor do ensino secundário; em 1938, professor de literatura do Colégio D. Pedro II e membro do Conselho Consultivo do Departamento do Patrimônio Histórico e Artístico Nacional. Em 1940, é eleito para Academia Brasileira de Letras. O final da década marca, ainda, o início das publicações voltadas aos estudos literários. Em 1937, sai a *Antologia dos Poetas Brasileiros da Fase Romântica*; em 1938, a *Antologia dos Poetas Brasileiros da Fase Parnasiana*. A seleção e introdução, concebidas aí por Bandeira, são referências até hoje.

O prestígio artístico, intelectual e pessoal não se converte em engessamento de possibilidades poéticas. Bandeira não estaciona no radicalismo modernista, sabe retomar e reelaborar modelos tradicionais presentes desde os dois primeiros livros. O conjunto de poemas que compõem *Estrela da Manhã* (1936) retrata o processo. Há um número razoável de poemas metrificados no livro, cerca de dez; bastante, quando comparado a *Libertinagem*, em que havia cerca de três. Sua poesia, no mais, continua influente no contexto nacional, em meio à aparição de pesos como Augusto Frederico Schmidt, Carlos Drummond de Andrade, Cecília Meireles, Vinícius de Moraes e Murilo Mendes.

Para Leônidas Câmara (1980, p. 168), neste livro, o sarcasmo e a ironia que os "anteriores utilizam com alguns disfarces, com uma boa dose de artifícios, surgem de corpo inteiro.

Aqui o prosaico, o nada tradicionalmente poético ou o poético exaurido são materiais que o poeta utiliza na clara saída da poesia". São muitos poemas a confirmar essa observação, embora o aproveitamento dos temas até então não poéticos ou prosaicos seja algo, a meu ver, decisivo desde *O Ritmo Dissoluto* e consolidado em *Libertinagem*. Pode acontecer ao leitor que leia de enfiada a obra de Bandeira do início chegar em *Estrela da Manhã* sem se surpreender com a expansão sobre os temas corriqueiros e, assim, veja-os despidos de "disfarce" ou "artifícios".

O volume expõe pluralidade formal e temática. Há convivência entre verso livre, poema-prosa, redondilhas maiores e menores etc. Poemas que falam de anjos, de amadas, de enterro, de paisagens citadinas, enfim, uma flora sortida. A diversidade é parte daquela característica de coletânea de seus livros. Suas publicações absorvem, inclusive, textos da época de outros volumes. Daí a dificuldade de eleger unidade rígida para qualquer um de seus livros, aparentados a painéis pouco lineares com algumas constantes de técnica, fundo e forma.

Continuam os cortes no cotidiano que, de certa maneira, viram sua assinatura. Os poemas em geral são curtos, alguns deles minúsculos, trazendo não raro apenas uma sacada ou *flash*, como o "Poema do Beco". Às vezes, advém alguma linha narrativa precária que ora nos perde, ora nos acha nesse mosaico de assuntos cujas formalizações se refazem. Bandeira, como sempre, manobra formas fixas consagradas do gênero lírico, mesmo que só nos títulos das peças: "*Canção* das Duas Índias", "*Balada* das Três Mulheres do Sabonete Araxá", "*Cantiga*", "*Chanson* des Petits Esclaves" e "*Rondó* dos Cavalinhos".

"Sacha e o Poeta" é desses como que desentranhados do dia-a-dia. Desses instantâneos como se pululantes ao faro do poeta capaz de extrair poesia do corriqueiro. Mira de cronista viajante, observa dada realidade cotidiana e a recolhe como a coisa mais singular do mundo. Ao mesmo passo que nos soa familiar, o poema inclui novidade. O mote é simples: um poeta entra em folia com uma menina que mal aprendeu a balbuciar. Conta história, brinca de faz-de-conta, faz barulho com a boca prendendo a atenção de Sacha, até que ela toma a cena e submete o poeta a seus encantos. Os versos acabam movimentando uma das avenidas principais da poética bandeiriana: a infância que impregna os textos de nostalgia e de ternura. Em versos ou crônicas constantemente se entrelaçam elementos da infância pessoal e da observada.

Verso a Verso

Pouco freqüentado por antologias e pela crítica[1], "Sacha e o Poeta" suscita questões vitais da obra de Bandeira como um todo. Basicamente, há dois blocos de versos que podem ser lidos cada qual num *compasso de tempo*. Os versos 01, 02, 05, 07, 08, 13, 14, 15 e 18 comportam mais ou menos sete sílabas; 03, 04, 06, 10, 11, 12 e 17 acomodam mais ou menos dez sílabas. A exceção é o 09, com apenas três sílabas. Todos circundam dois metros tradicionais de versificação: o primeiro grupo aproxima-se da redondilha maior, verso de sete sílabas métricas e de apelo mais popular; o segundo relaciona-se ao decassílabo, de dez sílabas e bastante usado na poesia erudita. Bandeira dominava os dois, escrevia com igual desenvoltura cantigas ou sonetos clássicos. A coexistência, ou a indefinição de dois moldes distintos de versificação, associa uma prática comumente baixa a outra elevada. Nisso, o poema é bem modernista. O resultado é uma musicalidade insidiosamente contrapontística entre dois *compassos de tempo* que se alternam.

Nos poemas anteriores – "Na Rua do Sabão" e "Pensão Familiar" – destaquei o trabalho visual com os versos. Aqui, não se acha uma preocupação particular nesse sentido. Existe, sim, uma disposição significativa: um primeiro bloco com dez ver-

1. Há um parágrafo de Gilberto Mendonça Teles (1998, pp. 152-153) que adianta parte dos comentários a seguir desenrolados.

sos, um segundo menor com seis versos e no meio deles um verso solto.

Os três primeiros versos formam um único período com a descrição dos efeitos, em Sacha, da aparição do poeta. O primeiro conta com a assonância das vogais [a] e [e], a aliteração das consoantes plosivas [p], [d] e [t]. A conjunção temporal "quando" abre o poema como uma narrativa abordada do meio, como se algo já viesse sendo dito. O leitor tem a impressão de que pegou a conversa no meio. Precisa de um ligeiro esforço para entrar na trama que desabrocha de repente. O recurso amplifica o corte entre os poemas do livro. Ao voltar ao texto anterior, não encontro cheiro do quadro que brota aos meus olhos. Como o tradicional "era uma vez", Bandeira principia com uma conjunção que se tornou formular em diversos poemas de vocação narrativa. Somente em *Estrela da Manhã*: no poema "Momento num Café" ("Quando o enterro passou...") e em "Os Voluntários do Norte" ("Quando o menino de engenho...").

O verso 02 tem a notável aliteração das líquidas [l] e [lh] e a assonância nas vogais [o] e [a], principalmente desta última que está em muitas sílabas tônicas. O [o] aberto de "olhos" quase no meio do verso, parece anunciar o "sol" que vem surgindo no 03. Neste, há a repetição da fricativa [s]. Os verbos do período composto pelos versos 01, 02 e 03, exceto o "é", são típicos das descrições do nascer do sol. Dizemos: o sol "aparece", "levanta" ou "nasce". O poeta, Sacha e seus olhos comunicam-se pela surpresa da aurora, que nunca se faz a mesma, embora aconteça diariamente. Sacha, criança, está mais próxima da aurora, vocábulo que pode ser sinônimo de infância.

Bandeira alude a "Sacha e o Poeta" em duas crônicas da década de 1960: "Viva a Suíça" e "Anatomia de um Poeta". Nesta última, a mais importante aqui, comenta a exegese que Marino Falcão teria publicado no jornal *Diário do Povo*, de Campinas. O próprio Marino teria lhe pedido o comentário da crítica. Contra o julgamento do poema como relato alegórico de sedução, onde Sacha seria uma jovem ingênua e deslumbrada com o poeta, Bandeira intervém:

> De fato, o poema é o relato de uma sedução. Só que a finalidade de todas as manigâncias do poeta era obter tão-somente um sorriso de Sacha. [...] Marino errou também no que concerne à idade de Sacha. Era menor de dezoito anos, sim, tinha, ao tempo da sedução, apenas uns seis meses de idade, só falava em alfabeto Morse. Louríssima, alvíssima, seriíssima eu tinha que conquistar-lhe um sorriso, usei de todos os recursos referidos. E o sorriso veio. Como deve ter luzido sobre o mundo o primeiro arco-íris (M. Bandeira, 1978, p. 283)[2].

O autor registra sua intenção, o ponto de partida real, se assim posso chamar, para a construção da Sacha ficcional. Mas o depoimento não deve fechar outras reflexões. O próprio Bandeira, ao divulgar dados concretos para o entendimento do poema, não desautoriza a interpretação de Falcão; por fim, concluirá: "Não lhe doa a este o que há de errado na sua interpretação. Valéry não disse que não existe verdadeiro sentido de um texto? Não vale a autoridade do autor: 'Quoiqu'il ait voulu dire, il a écrit ce qu'il a écrit'".

O efeito físico, notadamente nos olhos, e psíquico do poeta sobre Sacha é delirante. E delírios têm conexões com algumas manifestações excepcionais do homem, dentre elas a poesia. A inspiração poética através das musas é uma das formas de delírio ou entusiasmo que comunica os homens aos deuses, pelo menos a partir de certa tradição helênica[3]. Uma interpretação

2. A crônica "Viva a Suíça" também se lê no volume, p. 35. No poema "Pardalzinho", datado de 1943 e publicado em *Lira dos Cinqüent'anos*, Sacha reaparece como personagem. Ela também é uma das homenageadas em *Mafuá do Malungo*, com "Sacha".
3. No *Fedro* de Platão (1960), por exemplo, Sócrates estabelecerá as formas de delírio que conduziriam a ação humana. Delírio profético: inspirado por Apolo e relacionado aos presságios. Delírio purificador: inspirado por Baco e ligado aos mistérios religiosos. Delírio poético: dádiva das Musas a seus cantores. Finalmente o delírio erótico ou amor filosófico, o mais nobre de todos e sob a inspiração de Eros.

possível é que o poeta, em estado de transe poético, entusiasma, por seu turno, a criança que aguarda a surpresa poética. Como porta-voz da poesia soprada pelas musas, transmite pela linguagem algo de divino à Sacha. Estão todos em comunhão: Sacha, o poeta, a poesia e as potestades que se difundem através de seu cantor.

No verso 04, onde há repetições do [i], conhecemos o que disse o poeta à Sacha. É comum inventarmos "coisas incríveis" para encantar e prender a atenção das crianças. Mas a invenção, no caso, é condição do artista da palavra, isto é, através do seu trabalho lingüístico, o poeta cria imagens fabulosas; a partir de coisas factíveis ou banais nos lança em dimensões fictícias ou esquisitas. As coisas maravilhosas que canta à Sacha patenteiam a metaforização do discurso para impressionar a menina. Metáforas que, no fundo, falam mais do trabalho poético do que das narrativas para crianças. Essa interação entre contar histórias para criança e criar realidades inusitadas enquanto poeta aclimata o poema à narrativas populares, lendas e contos de fadas.

O verso 05, cuja sonoridade da consoante vibrante [r] nas palavras "Te*rr*a" e "cent*r*al" remete ao crepitar de chamas, carrega a referência de uma grande tópica literária. "Desce ao fogo central da Terra" introduz a descida aos infernos que Homero, Virgílio e Dante, para citar grandes exemplos, desenvolveram especialmente na *Odisséia*, na *Eneida* e na *Divina Comédia*. Na poesia mais recente, o lugar-comum foi sendo remodelado. Alguns poetas, a partir do século XIX, a fim de traçarem os ambientes nocivos das cidades ou atmosferas grotescas e oníricas, retomam imagens do inferno dantesco ou homérico. Veja-se, como exemplo, "Quand le ciel bas et lourd pèse comme un couvercle" de Charles Baudelaire; ou "Violões que Choram", de Cruz e Sousa.

No verso 06, destaca-se a vogal [a] e algumas nasais. Desponta outra tópica: depois da descida aos infernos – alegoria também dos infortúnios pelos quais o homem tem de atravessar – vem o apaziguamento das adversidades. Depois do encontro com Tirésias no Tártaro, Ulisses retorna a Ítaca. Em casa, restabelece a ordem assassinando os pretendentes de Penélope. O sexto verso condensa algo disso; depois de descer ao fogo central da Terra, o poeta vai a ponta mais alta das nuvens, a paz celeste. Assim como Dante, conduzido por Beatriz ao céu, pôde contatar a divindade, neste momento ele leva Sacha a vislumbrar o etéreo, talvez a poesia sublime que lhe inspiram as musas.

Imediatamente depois desse desfile subterrâneo de referências clássicas, o verso 07 retoma o cotidiano. Compõe-se basicamente de sons sem significação, como para instalar o diálogo entre o adulto e a criança. Após dizer as tais "coisas incríveis", o poeta introduz certo ludismo fonético, imitando a silabada telegráfica dos inícios da fala infantil. Num dialogismo típico da comunicação entre adultos e crianças, coloca-se no nível lingüístico de Sacha para melhor se aproximar. A brincadeira fonética o torna um pouco criança, como no faz-de-conta dos versos 08 e 09 em que parodia o preto velho recebendo Exu.

A frase sem verbo do verso 08 traz o poeta se passando por velho. Há, evidentemente, a lembrança da dança-dos-velhos, bailado típico de várias regiões brasileiras em que os participantes se caracterizam de velho usando barbas postiças, cartola, bengala e fraque e as mulheres (em algumas localidades elas não participavam), saia rodada, xale e bata. No estado de São Paulo, em Franca por exemplo, é em geral executada nas festas juninas (Calçada, 1969). Demonstrando uma vez mais que seu nacionalismo tinha pouco compromisso com a recolha "científica" dos motivos e cenas folclóricos, Bandeira cria aqui uma figura híbrida misturando duas tradições: as festas populares e a umbanda. Também entrechoca, portanto, as duas pontas da vida: fala como se fosse criança e dança, provavelmente, como preto velho, personagem indispensável nos terreiros de umbanda, locais de culto às potências como Exu. Nesse sentido, o sétimo verso representa a evocação de alguma entidade se expressando com palavras de um idioma mágico.

O verso 09 poupa em detalhes. Seu tamanho reduzido emblema o receio a Exu, ente poderosíssimo em algumas culturas afro-brasileiras. O poeta, que já se ligara às deidades poéticas, agora dá uma de Exu. Em língua de preto velho tomado, falsifica para Sacha o ritual macumbeiro. Câmara Cascudo (1973, p. 315) define Exu como "o representante das potências contrárias ao homem. Os afro-baianos assimilam-no ao demônio dos católicos, mas, o que é interessante, temem-no, respeitam-no (ambivalência), fazendo dele objeto de culto". Se no quarto verso o poeta descia aos infernos, aqui ele é o demônio em pessoa, num curioso cruzamento de matrizes culturais. Sua fantasia mescla e confunde bem com mal, num pequeno carnaval de imagens com a finalidade de seduzir Sacha.

Depois das metamorfoses e da intensa atividade verbal, finalmente "Sacha sorri como o primeiro arco-íris". Mas o formato do arco-íris, com as extremidades do arco pousadas no chão, recorda o desenho de lábios tristes. O que me leva a imaginar que as "coisas incríveis" não trouxeram o riso para Sacha. O verso 10, nesse sentido, seria um eufemismo amenizando o choro da menina ao final das ações do poeta, que acaba sem retribuição, embora o relato de Manuel Bandeira diga o contrário.

No mito da arca de Noé, o primeiro arco-íris (e os que depois viriam) simboliza a esperança, um novo tempo, o compromisso de Deus para com os homens de nunca mais castigá-los com um cataclismo das dimensões do dilúvio. Um sinônimo para arco-íris é arco-da-aliança, nome que contém a idéia do acordo firmado entre Deus e os homens. Sua formação na natureza pressupõe a existência de chuva, que seria a choro de Sacha, que, por sua vez, inaugurará uma nova "era" ou perspectiva no poema: a partir de agora, é ela quem dá as cartas, ela colocará o poeta em contato com o espiritual.

Do verso 11, extraem-se dois sentidos. O primeiro físico e concreto: o poeta, demonstrando intimidade, pega a menina no colo numa tentativa de consolar o choro. O segundo é a imaginação de Sacha que levanta vôo junto com a do poeta. Ao estender os braços, oferta um convite não apenas ao afeto, mas à poesia, experiência de surpresa imagética e sonora.

Regularmente comparado às aves, o poeta não busca somente as alturas, as belezas sublimes, também divisa com olhos de falcão as coisas do chão. O elemento popular e até grotesco aos olhos cristãos (preto velho e Exu) aparecem ao lado de conexões literárias elevadíssimas. Diferente do albatroz de Baudelaire[4], que em terra não se envolve "na corja impura", a ave bandeiriana caminha pelos terrenos baixos e acidentados sem desdenhar os planos elevados.

O poeta faz Sacha enxergar além, seja por torná-la mais alta em seu colo, seja através da linguagem poética. O décimo primeiro verso representa um momento de transição, tem algo da primeira e da segunda estrofe, daí estar solto, indefinido. Desprendido dos outros dois conjuntos de versos, ele voa no branco da página.

A rápida seqüência de imagens reforça a idéia de transe poético, em que se encontram Sacha e o poeta. Semelhante ao poema, do mesmo livro, "Canção das Duas Índias", estamos "na zona de sombra, no universo onírico e sobretudo plástico, onde as imagens são descoordenadas e as associações inquietantes" (A. Candido; G. de Mello e Souza, 1998, p. 8). A diferença é que, aqui, tais tendências em parte surrealistas relacionam-se à condição de poeta que, por sua vez, associa-se ao mundo fabuloso da infância.

Realizada a viagem poética que provocou choro (riso, segundo Bandeira) o colo garante alguma serenidade à Sacha. É o que reforça os versos 12 e 13. A pergunta do 13 é a que fazemos

4. Na tradução de Guilherme de Almeida (s/d, pp. 28-29), a última estrofe do poema "O Albatroz" onde se estampa o famoso símile entre o poeta e a ave marinha: "O poeta é semelhante ao príncipe da altura / Que busca a tempestade e ri da flecha no ar, / Exilado no chão, em meio à corja impura, / As asas de gigante impedem-no de andar". [*Le Poète est semblable au prince des nuées / Qui hante la tempête et se rit de l'arche; / Exilé sur le sol au milieu des huées, / Se ailes de géant l'empêchent de marcher.*]

quando as crianças choram: "o quê que foi?" A indagação prenuncia a comunicação de Sacha com a pureza divinal. Pureza que não se constitui apenas por si, traz também a inter-relação entre a criança e os anjos. Reporta-se à conhecida crença de que as crianças são anjos antes de vir ao mundo, e se tornam anjos quando morrem.

Pelo particípio feminino *mediunizada*, no verso 14, temos certeza que Sacha é menina. O fato de estar em transe abre um horizonte de possíveis contatos entre os seres humanos e qualquer entidade divinizada ou espiritual. Sacha deixa o delírio poético de lado para penetrar no entusiasmo espiritual que por enquanto não sabemos bem qual seja.

Nos versos 14, 15 e 16 sobressaem-se as nasais [m] e [n]. No meio dessa sonoridade como de quem está em transe, o verso décimo quinto simula a língua silabada e reduplicada da criança em fase de aquisição da linguagem. O travessão do verso indica a voz de Sacha balbuciando uma língua codificada comparada ao código Morse. Usada para a comunicação radiotelegráfica, nesse tipo de linguagem as letras do alfabeto, os algarismos e os sinais de pontuação acham-se representados pela combinação adequada de dois tipos de sons ou sinais: um breve e um longo. É como formam frases inteiras. A mensagem que Sacha transmite ao poeta, como se fosse um rádio transmissor, vem cifrada e carregada de espiritualidade; tem o desenho rítmico, a musicalidade de uma redondilha menor: *papapá*, anapéstico; *papá*, jâmbico.

Se no verso 07 o poeta fala como a criança, no 15 deixa ouvir a própria menina. E se o adulto imita a fala da criança para dela se aproximar, no verso sétimo há duas imitações; numa o poeta-personagem balbucia como Sacha, noutra o poeta-escritor cria o poeta-personagem falando a língua da menina. A estrofe, no entanto, propõe uma inversão muito maior: na primeira, o poeta comunicava algo divino pela poesia; nesta, é Sacha quem transmite *a última mensagem dos Anjos*. O processo dialógico se constrói não só no âmbito da linguagem como já destacado, mas também no indizível, espécie de contato quase inefável com o espiritual ou divino que o poeta e Sacha se proporcionam.

O aparecimento do anjo é significativo, não apenas porque essa figura celeste habita o imaginário ocidental que lhe deu diversas representações e acepções. No cristianismo, anjo é o ser espiritual que reside junto a Deus. Todos teríamos um anjo da guarda, um guia nos protegendo desde o nascimento até a morte. Também parece comum chamarmos as crianças de anjos, ou por aquela crença de achar que as crianças foram anjos antes de vir à luz, ou pelo aspecto físico infantil muito utilizado para representar anjos em pinturas e esculturas, ou pela pureza "angelical" dos pequenos. O vocábulo anjo vem do grego *ângelos* ('αγγελος), e significa "mensageiro". No imaginário cristão, além de trazer mensagens celestes (é o anjo Gabriel quem anuncia à Virgem Maria o nascimento de Jesus, por exemplo), os anjos podem ser ainda a ponte entre os homens e a divindade.

A idéia de mensagem, que a palavra anjo comporta, está de algum modo infiltrada em todo o poema. Em seu delírio, o poeta é mensageiro de coisas no limite de não serem dizíveis. Potencialmente, a mensagem poética de tão rara, renovadora e reveladora, beiraria o silêncio. Exu, um dos disfarces do poeta, é intermediário entre os orixás e os homens, portanto também um mensageiro. Sacha está *mediunizada*, e o que é um médium senão o "mediador" da comunicação com os espíritos? Ao longo do poema há todo um percurso de *transmitir* e *decifrar* mensagens que culmina no verso final. Nenhuma das mensagens é de fácil tradução, o próprio desvendamento importa menos que a existência delas. A tentativa do poeta e de Sacha de se compreenderem, por um lado, pode simbolizar a dificuldade do diálogo humano, por outro, seria uma alegoria para o desafio interpretativo que a mensagem poética impõe. O poema, talvez, insinue que a leitura da poesia, como os mais profundos e irracionais sentimentos humanos, é antes um jogo de adivinhar, do que decodificar um significado único ou primeiro.

Anjos e Crianças

Como os quartos onde morou, Manuel Bandeira também representa sua mitologia infantil, vale dizer, seu próprio material biográfico. Totônio Rodrigues e Rosa, por exemplo, são meros personagens para quem lê "Evocação do Recife" ou "Profundamente". Algo semelhante ocorre quando se apropria de fatos relativos à infância alheia, como a da Rua do Curvelo. O ambiente repleto de crianças age na sensibilidade do autor, que o poetiza por saudade de sua própria infância, por enxergar no mundo das crianças uma inesgotável fonte para sua produção em verso e em prosa[5]. Na percepção de Ribeiro Couto ("No Pórtico da Academia", 2004, p. 65), a própria seqüência de cenas de "Na Rua do Sabão" teria inspiração nesse ambiente: "da vossa janela, olhando pelo morro abaixo os quintais da Rua Cassiano, vedes a garotada saltear com assobios e pedradas o balão".

Há textos em prosa que assessoram a compreensão dos poemas que enfocam a infância. A sobreposição entre a prosa e a poesia, além de tudo, constitui riquíssima fonte de relações temáticas, permitindo refletir sobre as atuações do poeta e do cronista. Uma crônica em particular deve ser confrontada com "Sacha e o Poeta". Um trecho de "A Trinca do Curvelo" (1966, p. 22), em que Bandeira oferece um rico apanhado da presença infantil nos arredores da ladeira do Curvelo:

> Os piores malandros da terra. O microcosmo da política. Salvo o homicídio com premeditação, são capazes de tudo, – até de partir as vidraças das minhas janelas! Mentir é com eles. Contar vantagem nem se fala. Valentes até na hora de fugir. A impressão que se tem é que ficando homens vão todos dar assassinos, jogadores, passadores de notas falsas... Pois nada disso. Acabam lutando pela vida, só com a saudade do único tempo em que foram verdadeiramente felizes.

5. Para uma discussão sobre a experiência de Manuel Bandeira da Rua do Curvelo, hoje Dias de Barros, conferir Elvia Bezerra (1995).

Mais que a temática semelhante, o excerto situa a infância como época de felicidade, de pureza que cega as crianças das agruras da vida adulta. Muitos são os poemas em que Bandeira aborda a infância como região idealizada, cuja simples rememoração pode amenizar o espaço presente da solidão, dor, perda, doenças e aporias com que todo adulto precisa lidar. Em contraposição à maturidade, na tenra idade, aparecemos inconscientes para coisas desagradáveis. Em "O Impossível Carinho", de *Libertinagem*, não é incidental que o eu lírico, "em troca de tanta felicidade" vinda da amada, confesse confrangido que a premiaria com "as mais puras alegrias de tua infância".

Como no poema, em "A Trinca do Curvelo" a criança é associada aos anjos. Em outro trecho, quando relata a morte de um menino da trinca que falecera de sarampo, dirá: "[...] e lá se foi para a trinca dos anjinhos de Nosso Senhor!" A correlação tradicional "anjo / criança morta" emerge, ainda que um pouco modificada, em outra peça de *Estrela da Manhã*. Nos versos de "Jacqueline", a criança parece em seu velório "mais bonita do que os anjos". Assim, quando ouvimos Zé Kéti cantar "é mais um coração / que deixa de bater / um anjo vai pro céu", no samba de protesto "Ascender as Velas" (1970), já imaginamos que a mortalidade infantil atacou mais uma vez no morro.

Em "Sacha e o Poeta" há um contraponto entre a condição de criança – aurora da vida, mensageira dos anjos, beleza pura –, com o ser poeta – aquele que consegue sugerir o inefável e, pelo empenho em recriar a língua, reveste-a sempre com o ar da novidade, de juventude, levando o leitor a uma experiência inesperada de linguagem.

Sacha com sua língua fragmentária, feita música mágica, transmite ao poeta algo que seria inatingível de outro modo. O poeta, que quis criar a novidade, abriu as lágrimas na menina. Mas Sacha não é vingativa, sendo pura, retribui com o etéreo, com a mensagem dos anjos. Proporciona ao poeta uma gota da própria infância dele, coloca-o em contato com o essencial do ser criança que um dia foi: criança como mensageira da ternura que no poema é também divina. Do confronto entre Sacha e o poeta, nós espectadores herdamos o conflito: a infância perdida para sempre e *a saudade do único tempo em que fomos verdadeiramente felizes.*

Orquestra de Sugestões

Por baixo do ritmo tranqüilo destes versos, se desembaraça uma cena em princípio banal, que vai se revoluteando num fecho de misticismo. A poesia, o poeta, Sacha e entidades divinais se interligam, se tensionam. Divindades que oscilam entre judaísmo e cristianismo na figura dos anjos e do arco-íris; espiritismo e platonismo no que se refere aos delírios e à mediunização, isto é, transes para contactar espíritos ou divindades; umbanda e macumba na presença de Exu e do preto velho, que também é um médium, ou seja, um intermediário.

As correntes místicas ou filosóficas não são aproveitadas de maneira doutrinária ou estrita, o poeta refunde todas essas tendências para o objetivo final do poema: problematizar e cotejar o ser poeta com o ser criança. É sintomático que as palavras poeta e Sacha apareçam cinco vezes cada. A especularidade entre as personagens extrapola a linguagem dos versos 07 e 15, está mesmo no jogo dialético entre as condições que caracterizam comumente a atitude poética e infantil. Poeta e criança são excepcionais, intermedeiam nosso contato com o desconhecido, seja uma entidade divina ou uma experiência lingüística nova.

Em "Na Rua do Sabão" e "Pensão Familiar", sublinhei uma musicalidade que se destacava da visualidade e principalmente da sonoridade dos versos e dos conjuntos e relações entre os versos. Em "Sacha e o Poeta" há uma musicalidade de outra natureza. Pelas várias linhas de sugestões de sentido que o poema admite, forma-se como que uma orquestração de sentidos, intensamente explorada nas múltiplas interpretações face à presença de diferentes e até conflitantes correntes religiosas ou filosóficas. Essa orquestração não se quer harmônica: uma linha de sugestão não explica ou se soma a outra, necessariamente, elas interagem e concorrem no arranjo contrapontístico do poema.

A sinfonia total de sentidos, maneira como muitas vezes recordamos os eventos da infância, advém da tentativa de grande polifonia. Criar várias correntes de sugestão num mesmo poema para não tornar a compreensão unívoca, ou demasiado lógica, constituiu uma das buscas da modernidade, desde os simbolistas. O poema deve oferecer alguns caminhos interpretativos e no instante em que tentamos seguir pelo menos por um, como na audição de uma peça sinfônica, ficamos somente com a linha dos baixos.

Referências Bibliográficas

De Manuel Bandeira

Bandeira, Manuel. *Andorinha, Andorinha*. Organização de Carlos Drummond de Andrade. São Paulo, Círculo do Livro/José Olympio, 1978.

______ & Andrade, Mário de. *Correspondência Mário de Andrade e Manuel Bandeira*. Organização de Marcos Antonio de Moraes. São Paulo, Edusp, 2001.

______. *De Poetas e de Poesia*. Rio de Janeiro, Cadernos de Cultura/MEC, 1954.

______. *Estrela da Vida Inteira*. Rio de Janeiro/São Paulo, Record/Altaya, 1998.

______. *Itinerário de Pasárgada*. Rio de Janeiro/São Paulo, Record/Altaya, 1997.

______. *Libertinagem* e *Estrela da Manhã*. Coleção Archivos. Edição crítica de Giulia Lanciani (coord.). Madri/Paris/México/Buenos Aires/São Paulo/Lima/Guatemala/São José/Santiago do Chile, Allca XX/Fundo de Cultura Econômica – México, 1998.

______. *Os Reis Vagabundos e mais 50 Crônicas*. Rio de Janeiro, Editora do Autor, 1966.

______. *Poesia Completa e Prosa*. Rio de Janeiro, Nova Aguilar, 1977.

Senna, Homero (org.). *O Mês Modernista: Carlos Drummond de Andrade, Sérgio Milliet, Manuel Bandeira, Martins de Almeida, Mário de Andrade e Prudente de Morais Neto*. Estabelecimento do texto, comentários e notas de Homero Senna. Rio de Janeiro, Fundação Casa de Rui Barbosa, 1994.

Sobre Manuel Bandeira

Aguiar, Joaquim. "Do Palácio à Pensão". *América Latina: Palavra, Literatura e Cultura*. São Paulo/Campinas, Memorial/Unicamp, 1995.

Andrade, Carlos Drummond de. *Bandeira, a Vida Inteira – 21 Poemas de Carlos Drummond de Andrade*. Textos extraídos da obra de Manuel Bandeira. Patrocínio do Instituto Nacional do Livro e IBM Brasil. Rio de Janeiro, Edições Alumbramento/Livrosarte Editora, 1986.

Andrade, Mario de. "Manuel Bandeira". In: Ancona, Telê Porto (org.). *Manuel Bandeira: Verso e Reverso*. São Paulo, T. A. Queiroz, 1987.

Arrigucci Jr., Davi. *Humildade, Paixão e Morte: A Poesia de Manuel Bandeira*. São Paulo, Companhia das Letras, 1990.

________. *O Cacto e as Ruínas*. São Paulo, Duas Cidades/Editora 34, 2000.

Athayde, Tristão de. "Vida Literária: Vozes de Perto". In: Ancona, Telê Porto (org.). *Manuel Bandeira: Verso e Reverso*. São Paulo, T. A. Queiroz, 1987.

Bezerra, Elvia. *A Trinca do Curvelo: Manuel Bandeira, Ribeiro Couto e Nise da Silveira*. Rio de Janeiro, Topbooks, 1995.

Brayner, Sônia. "O *Humour* Bandeiriano ou As Histórias de um Sabonete". In: Brayner, Sônia. (org.). *Manuel Bandeira/Coleção Fortuna Crítica*. Rio de Janeiro, Civilização Brasileira/INL/MEC, 1980.

Câmara, Leônidas. "A Poesia de Manuel Bandeira: Seu Revestimento Ideológico e Formal". In: Brayner, Sônia. (org.). *Manuel Bandeira/Coleção Fortuna Crítica*. Rio de Janeiro, Civilização Brasileira/INL/MEC, 1980.

Campos, Haroldo de. "Bandeira o Descontelizador". In: Brayner, Sônia. (org.). *Manuel Bandeira/Coleção Fortuna Crítica*. Rio de Janeiro, Civilização Brasileira/INL/MEC, 1980.

Campos, Paulo Mendes. "Reportagem Literária". In: Brayner, Sônia. (org.). *Manuel Bandeira/Coleção Fortuna Crítica*. Rio de Janeiro, Civilização Brasileira/INL/MEC, 1980.

Candido, Antonio & Mello e Souza, Gilda de. "Introdução". In: Ban-

DEIRA, Manuel. *Estrela da Vida Inteira*. Rio de Janeiro/São Paulo, Record/Altaya, 1998.

CARPEAUX, Otto Maria. "Bandeira". *Presenças*. Rio de Janeiro, MEC/INL, 1958.

COUTO, Ribeiro. "De Menino Doente a Rei de Pasárgada". *Homenagem a Manuel Bandeira*. Rio de Janeiro, Jornal do Comércio, 1936. Ou São Paulo, Metal Leve, 1986. Edição fac-similar em comemoração ao centenário de nascimento do poeta.

________. *Três Retratos de Manuel Bandeira*. Introdução, cronologia e notas de Elvia Bezerra. Rio de Janeiro, Academia Brasileira de Letras, 2004.

FARIA, Otávio de. "Estudo sobre Manuel Bandeira". *Homenagem a Manuel Bandeira*. Rio de Janeiro, Jornal do Comércio, 1936. Ou São Paulo, Metal Leve, 1986. Edição fac-similar em comemoração ao centenário de nascimento do poeta.

FRANÇA, Eurico Nogueira. "Centenário de Manuel Bandeira: Poesia e Música". In: SILVA, Maximiano de Carvalho (org.). *Homenagem a Manuel Bandeira*. Rio de Janeiro, UFF/Presença, 1989.

GARDEL, André. *O Encontro entre Bandeira e Sinhô*. Rio de Janeiro, Secretaria Municipal de Cultura/Coleção Biblioteca Carioca, 1996.

GOLDSTEIN, Norma. *Do Penumbrismo ao Modernismo: O Primeiro Bandeira e Outros Poetas Significativos*. São Paulo, Ática, 1983.

________. "O Primeiro Bandeira e sua Permanência". In: ANCONA, Telê Porto (org.). *Manuel Bandeira: Verso e Reverso*. São Paulo, T. A. Queiroz, 1987.

HOLANDA, Sergio Buarque de. "Trajetória de uma Poesia". In: *Manuel Bandeira: Poesia Completa e Prosa*. Rio de Janeiro, Nova Aguilar, 1977.

HORTA, Luiz Paulo. "Bandeira e a Música". *Belo Belo*. Rio de Janeiro. Ano II, Nº 5, outubro 1986.

IVO, Lêdo. "O Preto no Branco". *Poesia Observada*. São Paulo, Duas Cidades, 1978.

JUNQUEIRA, Ivan. *Testamento de Pasárgada*. Rio de Janeiro, Nova Fronteira, 1980.

LEITE, Luísa Barreto. "Manuel Bandeira, Homem de Teatro". In: BRAYNER, Sônia (org.). *Manuel Bandeira/Coleção Fortuna Crítica*. Rio de Janeiro, Civilização Brasileira/INL/MEC, 1980.

MAYA, Ivone da Silva Ramos. "Musicalidades Subentendidas no Modernismo Brasileiro". In: MATOS, Cláudia Neiva; TRAVASSOS, Elizabeth

& MEDEIROS, Fernanda Teixeira de (org.). *Ao Encontro da Palavra Cantada*. Rio de Janeiro, CNPq/Sette Letras, 2001.

MARIZ, Vasco. "Manuel Bandeira, o Poeta e a Música". In: SILVA, Maximiano de Carvalho (org.). *Homenagem a Manuel Bandeira*. Rio de Janeiro, UFF/Presença, 1989.

OLIVEIRA, Franklin de. "O Medievalismo de Bandeira: A Eterna Elegia". In: BRAYNER, Sônia (org.). *Manuel Bandeira/Coleção Fortuna Crítica*. Rio de Janeiro, Civilização Brasileira/INL/MEC, 1980.

________. "Nota Introdutória". *Manuel Bandeira: Poesia Completa e Prosa*. Rio de Janeiro, Nova Aguilar, 1977.

QUEIROZ, Rachel de. "O Balão que Caiu no Mar". *Diário de Noticias*. Rio de Janeiro, 16 out. 1949.

PONTIERO, Giovanni. *Manuel Bandeira – Visão Geral de sua Obra*. Tradução de Terezinha Prado Galante. Rio de Janeiro, José Olympio, 1986.

SIMON, Michel. *Poètes d'aujourd'hui – 132/Manuel Bandeira: Étude, choix de textes et bibliographie*. Paris, Editions Pierre Seghers, 1965.

TELES, Gilberto Mendonça. "A Experimentação Poética de Bandeira". In: BANDEIRA, Manuel. *Libertinagem* e *Estrela da Manhã*. Coleção Archivos. Edição crítica de Giulia Lanciani (coord.). São Paulo/Paris, ALLCA XX/Fondo de Cultura Económica, 1998.

VILLAÇA, Alcides. "O Resgate Íntimo de Manuel Bandeira". In: ANCONA, Telê Porto (org.). *Manuel Bandeira: Verso e Reverso*. São Paulo, T. A. Queiroz, 1987.

GERAL

ALENCAR, Edigar de. *Nosso Sinhô do Samba*. Rio de Janeiro, MEC/FUNARTE, 1981.

ALMEIDA, Guilherme de. *Flores das "Flores do Mal" de Baudelaire*. Rio de Janeiro, Ediouro, s/d.

ANAIS do Primeiro Congresso da Língua Nacional Cantada. São Paulo, Departamento de Cultura, 1938.

ANDRADE, Mário de. *Aspectos da Literatura Brasileira*. São Paulo, Livraria Martins, 1974.

________. *Música, Doce Música*, São Paulo, Livraria Martins, 1963.

________. *Obra Imatura*. São Paulo, Livraria Martins, 1960.

________. *Os Filhos da Candinha*. São Paulo, Livraria Martins/INL, 1976.

________. *Pequena História da Música*. São Paulo, Livraria Martins, 1977.

________. *Poesias Completas*. São Paulo, Círculo do Livro/Livraria Martins, 1983.

Assis, Machado de. *Crítica e Variedades*. São Paulo, Globo, 1997.

Barreto, Lima. *Triste Fim de Policarpo e Quaresma*. São Paulo, Editora Brasiliense, 1980.

Barthes, Roland. *O Rumor da Língua*. Tradução de Mário Laranjeira. São Paulo, Brasiliense, 1988.

Bilac, Olavo & Passos, Guimaraens. *Tratado de Versificação*. Rio de Janeiro, Francisco Alves, 1921.

Blanchot, Maurice. *A Parte do Fogo*. Tradução de Ana Maria Scherer. Rio de Janeiro, Rocco, 1997.

Candido, Antonio. "Duas Notas sobre Poética". *Literatura e Sociedade*. São Paulo, Nº V, 2000.

________ & Castello, José Aderaldo. *Presença da Literatura Brasileira – Modernismo*. São Paulo/Rio de Janeiro, Diefel, 1975.

Carvalho, Amorim de. *Teoria Geral da Versificação (vols. I e II)*. Lisboa, Império, 1987.

Cascudo, Câmara. *Dicionário do Folclore Brasileiro*. Belo Horizonte/Rio de Janeiro, Itatiaia, 1973.

Copland, Aaron. *Como Ouvir e Entender Música*. Tradução de Luiz Paulo Horta. Rio de Janeiro, Artenova, 1974.

Daghlian, Carlos (org.). *Poesia e Música*. São Paulo, Perspectiva, 1985.

DaMatta, Roberto. *O que Faz o Brasil, Brasil?* Rio de Janeiro, Rocco, 1994.

Dufrenne, Mikel. *O Poético*. Tradução de Luiz Arthur Nunes e Reasylvia Kroeff de Souza. Porto Alegre, Globo, 1969.

Eliot, T. S. *De Poesias e Poetas*. Tradução de Ivan Junqueira. São Paulo, Brasiliense, 1991.

Friedrich, Hugo. *Estrutura da Lírica Moderna*. Tradução de Marise M. Curioni. São Paulo, Livraria Duas Cidades, 1978.

Gullar, Ferreira. *Toda Poesia*. São Paulo, Círculo do Livro/Civilização Brasileira, 1980.

Holanda, Sérgio Buarque de. *Raízes do Brasil*. Rio de Janeiro, José Olympio, 1978.

JAKOBSON, Roman & POMORSKA, Krystyna. *Diálogos*. Tradução de Elisa Angotti Kossovitch, Boris Schnaiderman, Léon Kossovitch e Haroldo de Campos. São Paulo, Cultrix, 1985.

LIMA, Jorge de. *Obra Completa (vol. I)*. Organização de Afrânio Coutinho. Rio de Janeiro, José Aguilar, 1958.

MALLARMÉ, Stéphane. *Oeuvres completes*. Texte établi et annoté par Henri Mandor et G. Jean-Aubry. Paris, Gallimard, 1945.

MARIANO, Olegário. *Toda uma Vida de Poesia (vols. I e II)*. Rio de Janeiro, José Olympio, 1957.

MARIZ, Vasco. *A Canção Brasileira*. Rio de Janeiro, Nova Fronteira, 1985.

MATOS, Cláudia Neiva de; TRAVASSOS, Elizabeth & MEDEIROS, Fernanda Teixeira de (org.). *Ao Encontro da Palavra Cantada*. Rio de Janeiro, CNPq/Sette Letras, 2001.

MERQUIOR, José Guilherme. *Razão do Poema*. Rio de Janeiro, Civilização Brasileira, 1965.

MUCCI, Latuf Isaias. "O Pensamento Musical de Mário de Andrade". *Terceira Margem*, Revista da Pós-Graduação em Letras. Rio de Janeiro. Universidade Federal do Rio de Janeiro, Centro de Letras e Artes, Faculdade de Letras, Pós-Graduação, Ano VII, Nº 8, 2003.

NAVES, Santuza Cambraia. *O Violão Azul (Modernismo e Música Popular)*. Rio de Janeiro, Fundação Getulio Vargas, 1998.

NUNES, Benedito. *Crivo de Papel*. São Paulo, Ática, 1998.

OLIVEIRA, Solange Ribeiro de. *Literatura e Música*. São Paulo, Perspectiva, 2002.

ONG, Walter. *Oralidade e Cultura Escrita*. Tradução de Enid Abreu Dobránszky. Campinas, Papirus, 1998.

PLATÃO. *Diálogos*. Tradução de Jorge Paleikat. Porto Alegre, Editora Globo, 1960.

POUND, Ezra. *A Arte da Poesia*. Tradução de Heloysa de Lima Dantas e José Paulo Paes. São Paulo, Cultrix, 1995.

PROPP, Vladímir. *Comicidade e Riso*. Tradução de Aurora F. Bernardini e Homero F. de Andrade. São Paulo, Ática, 1992.

ROSA, João Guimarães. *Primeiras Estórias*. Rio de Janeiro, Nova Fronteira, 2001.

SACKS, Sheldon (org.). *Da Metáfora*. Tradução coletiva. São Paulo, Educ/Pontes, 1992.

SANDRONI, Carlos. *Feitiço Decente: Transformações do Samba no Rio de Janeiro (1917-1933)*. Rio de Janeiro, Jorge Zahar Ed./Ed. UFRJ, 2001.

SANT'ANNA, Affonso Romano de. *Música Popular e Moderna Poesia Brasileira*. Petrópolis, Vozes, 1980.

SAPIR, Edward. *Lingüística como Ciência*. Tradução de Matoso Câmara. Rio de Janeiro, Livraria Acadêmica, 1961.

SCHAFER, Murray. *O Ouvido Pensante*. Tradução de Marisa Trench de O. Fonterrada, Magda R. Gomes da Silva e Maria Lúcia Pascoal. São Paulo, Editora da Unesp, 1991.

STRAVINSKY, Igor. *Poética Musical (em 6 Lições)*. Tradução de Luiz Paulo Horta. Rio de Janeiro, Jorge Zahar Editor, 1996.

________ & CRAFT, Robert. *Conversas com Igor Stravinsky*. Tradução de Stella Rodrigo Octávio Moutinho. São Paulo, Perspectiva, 1984.

SÜSSEKIND, Flora. "Brito Broca e o Tema da Volta à Casa no Romantismo". *Remate de Males*. Campinas: Nº IX, 1991.

TATIT, Luiz. *O Cancionista: Composição de Canções no Brasil*. São Paulo, Edusp, 1995.

________. "Quatro Triagens e uma Mistura: A Canção Brasileira no Século XX". In: MATOS, Cláudia Neiva de; TRAVASSOS, Elizabeth & MEDEIROS, Fernanda Teixeira de (org.). *Ao Encontro da Palavra Cantada*. Rio de Janeiro, CNPq/Sette Letras, 2001.

________. *O Século da Canção*. Cotia, Ateliê Editorial, 2004.

TINHORÃO, José Ramos. *Música Popular; Um Tema em Debate*. São Paulo, Editora 34, 1997.

________. *Pequena História da Música Popular*. Petrópolis, Vozes, 1974.

TOLEDO, Dionísio de Oliveira (org.). *Teoria da Literatura: Formalistas Russos*. Tradução coletiva. Porto Alegre, Editora Globo, 1978.

TRAVASSOS, Elizabeth. *Modernismo e Música Brasileira*. Rio de Janeiro, Jorge Zahar Editor, 2003.

VIANNA, Hermano. *O Mistério do Samba*. Rio de Janeiro, Jorge Zahar Editor/Editora UFRJ, 2005.

WISNIK, José Miguel. *O Coro dos Contrários: A Música em Torno da Semana de 22*. São Paulo, Duas Cidades, 1977.

GRAVAÇÕES

AMORIM, Jair & GOUVEIA, Evaldo. *A Música de Jair Amorim e Evaldo Gouveia*. Rio de Janeiro/São Paulo, Continental, 1986.

BANDEIRA, Manuel. "Poemas de Manuel Bandeira Lidos pelo Autor". In:

Andrade, Carlos Drummond de. *Bandeira, a Vida Inteira – 21 Poemas de Carlos Drummond de Andrade*. Textos extraídos da obra de Manuel Bandeira. Patrocínio do Instituto Nacional do Livro e IBM Brasil. Rio de Janeiro, Edições Alumbramento/Livrosarte Editora, 1986.

Borges, Lô. *Nuvem Cigana*. Rio de Janeiro/São Bernardo do Campo, EMI-ODEON, 1981.

Calçada, Alberto. *Vamos Dançar Quadrilha*. São Paulo, Chantecler, 1969.

Gonzaga Jr., Luiz. *Olho de Lince (Trabalho de Parto)*. Rio de Janeiro/São Bernardo do Campo, EMI-ODEON, 1985.

Hime, Olívia. *Estrela da Vida Inteira*. Rio de Janeiro/São Paulo, Continental, 1986.

Godoy, Maria Lúcia. *Maria Lúcia Godoy Canta Poemas de Manuel Bandeira*. Piano: Murilo Santos. Rio de Janeiro, Mis, 1966.

Kéti, Zé. *Zé Kéti*. Rio de Janeiro, Itamaraty, 1970.

Rosa, Noel. *Inédito e Desconhecido*. São Paulo, Estúdio Eldorado, 1983.

________. *MPB Compositores (Vol. III)*. São Paulo, RGE Discos/Editora Globo, 1997.

________. *Noel Rosa por Aracy de Almeida e Mário Reis*. Curitiba, Revivendo, s/d.

Secos & Molhados. *Secos e Molhados*. Rio de Janeiro/São Paulo, Continental, 1973.

Sinhô. *O Pé de Anjo (Vol. I)*. Curitiba, Revivendo, s/d.

________. *Alivia estes Olhos (Vol. II)*. Curitiba, Revivendo, s/d.

________. *Fala meu Louro (Vol. III)*. Curitiba, Revivendo, s/d.

Valente, Assis. *Assis Valente*. Rio de Janeiro, Acervo Funarte da Música Brasileira, s/d.

Villa-Lobos, Heitor. *Bachianas Brasileiras 5, 6 e 7*. Regente: Heitor Villa-Lobos. Orquestra Nacional da Radiodifusão Francesa. Rio de Janeiro/São Bernardo do Campo, Angel/Odeon, 1965.

________. *Villa-Lobos para Crianças: Seleção do Guia Prático*. Rio de Janeiro, Acervo Funarte da Música Brasileira, 1987.

Zan, Mário. *Os Grandes Sucessos Juninos. Quadrilha Completa "Marcada e Falada"*. Rio de Janeiro/São Paulo, Continental, 1989.

Título	*Manuel Bandeira e a Música*
Autor	Pedro Marques
Produção editorial	Aline Sato
Capa	Tomás Martins
	Plinio Martins Filho (projeto gráfico)
Ilustração da capa	Henrique Xavier
Revisão	Aristóteles Angheben Predebon
Editoração eletrônica	Amanda E. de Almeida
	Gustavo Marchetti
Formato	12,5 x 20,5 cm
Tipologia	Times
Papel	Cartão Supremo 250 g/m² (capa)
	Polén Soft 80 g/m² (miolo)
Número de páginas	136
Impressão e acabamento	Cromosete Gráfica e Editora